AF533070

Wolf Schmid

Der Tiroler Michael Gaismair

Wolf Schmid

Der Tiroler Michael Gaismair

Bauernrebell oder Revolutionär?

Haag + Herchen

Umschlagmotiv: Ernst von Dombrowski, Michael Gaismair (Holzschnitt aus dem Zyklus ›Bedeutende Männer der Geschichte‹, ca. 1940). Wiedergabe mit freundlicher Genehmigung von Dion. Rat Curt Schnecker, Präsident des Ernst und Rosa von Dombrowski-Stiftungsfonds

Bibliografische Information der Deutschen Nationalbibliothek
Die Deutsche Bibliothek verzeichnet diese Publikation in der Deutschen Nationalbibliografie; detaillierte bibliografische Angaben sind im Internet unter http://dnb.dnb.de abrufbar.

ISBN 978-3-89846-889-3

Schwarzwaldstraße 23, 63454 Hanau

Satz und Layout: mr
Umschlaggestaltung: Maria Reichenauer
Herstellung: dp
Printed in Germany

Verlagsnummer 3889

Inhalt

Vorwort

Wir kennen folgende Eckdaten aus Michael Gaismairs Leben: Geboren um 1491/92 in Tschöfs bei Sterzing in Südtirol als Sohn eines Bergwerkunternehmers und Landwirts. Nach schulischer Ausbildung war Gaismair Schreiber im Bergbau, später beim Landeshauptmann Leonhard von Völs und dem Landesbischof von Tirol in Brixen, 1524 wurde er zum Hauptmann ernannt. Sein Jurastudium ist umstritten, da dieser Bildungsweg damals nur Adligen vorbehalten war.

Als Gaismair in Brixen mit dem Fall des Fischers Peter Päßler konfrontiert wird, der sich gewaltsam gegen den Entzug der Fangrechte wehrt und deshalb zum Tode verurteilt wird, befreien bewaffnete Bauern Päßler und es bricht ein Aufstand aus. Häuser Brixener Adliger werden geplündert und die Hofburg erstürmt.

Gaismair schließt sich den Aufständischen an und verhandelt im einberufenen Innsbrucker Landtag mit dem Tiroler Regenten Erzherzog Ferdinand (Fernandus), dem späteren Kaiser Ferdinand I. des Heiligen Römischen Reiches Deutscher Nation. Der aus der Erbfolge der Habsburger Dynastie stammende Regent wurde in Spanien geboren und sprach kein Deutsch. Etliche Forderungen der Bauern werden zunächst erfüllt, aber schon bald distanziert sich der Erzherzog von den Zugeständnissen und geht gewaltsam gegen die Aufständischen vor.

Gaismair flieht in die Schweiz, wo er den Reformator Ulrich Zwingli kennenlernt, der ihm 1525 zu dem Entwurf einer Tiroler Landesordnung für eine Republik auf christlicher Basis rät. Dies ist die Basis für seine Landesordnung (Verfassung) von 1526. Laut Gesetz dürfen die Menschen ihre Regierung und ihre Richter frei wählen. Alle Gesetze basieren auf dem Wort Gottes und einer Selbstverwaltung der Gemeinden. Brixen wird Hauptstadt, Trient das Handwerkszentrum. Binnenzölle werden durch Außenzölle an den Landesgrenzen ersetzt.

Gaismairs militärische Strategie hat sich im gesamten deutschsprachigen Raum herumgesprochen. So leistet er auch bei den Bauernaufständen im Salzburger Land Unterstützung. Nach Anfangserfolgen werden die Aufständischen bei Radstadt vernichtend geschlagen. Gaismair flieht mit 1.500 Gefolgsleuten nach Venedig. Von dort versucht er den Freiheitskampf fortzusetzen. Aus Sorge, dass seine Landesordnung Schule macht, hat Erzherzog Fernandus mit Unterstützung von Jakob Fugger zwischenzeitlich ein Kopfgeld auf ihn ausgesetzt. Am 15. April 1532 ist einer der zahlreichen Anschläge auf sein Leben erfolgreich: Gaismair wird in seinem Palais in Padua von drei Männern erstochen.

Nach seiner Ermordung wird jegliches Gedenken an Michael Gaismair unterdrückt. Er lebt bis ins 19. Jahrhundert lediglich in den Legenden weiter, die von seinen Tiroler Landsleuten um seine Person gesponnen werden. Das ändert sich erst nach der Märzrevolution 1848. Der Historiker Wilhelm Zimmermann (1807 – 1878) behandelt die Figur Gaismairs in seiner dreibändigen ›Allgemeinen Geschichte des Deutschen Bauernkrieges‹, auch bei Friedrich Engels findet er Erwähnung. Eine Ausnahmeerscheinung dürfte die Gaismair-Biografie des viel zu jung verstorbenen Historikers Jürgen Bücking darstellen, die allerdings in recht anspruchsvoll wissenschaftlicher Diktion gehalten ist. Daher habe ich mich bemüht, das vorliegende Buch möglichst allgemein verständlich zu verfassen, um eine breite Leserschaft anzusprechen.

Die Tragik ist bei alldem, dass die erste demokratische Verfassung des Abendlandes nie zum Tragen kam und dadurch die etwa 100 Jahre später zu datierende britische Verfassung von Oliver Cromwell als erste demokratische Verfassung in den Geschichtsbüchern Einzug fand.

Wolf Schmid

Das Heilige Römische Reich zu Beginn des 16. Jahrhunderts

Die humanistische Weltanschauung der Neuzeit

Der Humanismus hat seine geistigen Wurzeln in der Renaissance (*französisch für* Wiedergeburt). Das Zeitalter der Renaissance begann um die Mitte des 14. Jahrhunderts mit humanistischen Gelehrten wie Francesco Petrarca (1304–1374).[1] Der Dichter hoffte auf eine beginnende neue Kulturblüte und auf ein neues Zeitalter. Dieses sollte nicht nur kulturell, sondern auch politisch an die Antike des Römischen Reiches anknüpfen. Aus diesem Grund unterstützte Petrarca 1347 den Staatsstreich des Cola di Rienzo (1313 – 1354) in Rom. Auch dieser war von der römischen Antike fasziniert und zudem ein glänzender Redner, womit er humanistische Werte teilweise vorwegnahm.

Cola di Rienzo war die führende Persönlichkeit einer adelsfeindlichen Strömung, die einen italienischen Staat mit Rom als Mittelpunkt anstrebte. Die politischen Träume und Utopien scheiterten zwar an den Machtverhält-

1 Teilweise aus Informationen von Wikipedia

nissen und an di Rienzos Mangel an Realitätssinn, aber die kulturelle Seite der Erneuerungsbewegung, die der politisch vorsichtigere Petrarca repräsentierte, setzte sich nachhaltig durch.

Petrarcas Erfolg beruhte nicht nur auf den Sehnsüchten vieler gebildeter Zeitgenossen, sondern auch darauf, dass er als Persönlichkeit selbst den neuen Zeitgeist verkörperte. Bei ihm begegnen sich bereits voll ausgeprägt die markantesten Merkmale des Renaissance-Humanismus.

Die Aufnahmebereitschaft für die neuen Ideen wich in den einzelnen Regionen des Abendlandes stark voneinander ab. Dies zeigt sich an der unterschiedlichen Geschwindigkeit und Intensität der Annahme humanistischer Impulse und auch darin, dass in manchen Ländern Europas nur bestimmte Teile und Aspekte des humanistischen Gedankenguts und Lebensgefühls auf Resonanz stießen. Diese Unterschiede werden zu Beginn des 16. Jahrhunderts auch im Heiligen Römischen Reich sehr deutlich, zu einer Zeit, in der die Unruhen im Abendland begannen.

Die Sprachen im Reich – ihr Einfluss auf Wissenschaft, Wirtschaft und Politik

In dieser Zeit gab es noch unterschiedliche Sprachen im Heiligen Römischen Reich. Seit dem 5. Jahrhundert galt in den Nachfolgestaaten des untergegangenen Weströmischen Reiches Kirchenlatein als öffentliche Sprache für den Schriftverkehr, für kirchliche Dokumente und für wissenschaftliche Studien.

Da dies für viele nur Zweitsprache neben dem Althochdeutschen und dem sich daraus später entwickelnden unterschiedlichen Mittelhochdeutschen war, wurde Latein in vereinfachter Form aus der Sprache eines Cicero als Amtssprache im römisch-katholischen Abendland genutzt.

Als Sprache der Schulbildung und später an den Universitäten hielt sich das Kirchenlatein. Während sich die gesprochenen Sprachen, die sich aus dem Vulgärlatein entwickelten, die romanischen Sprachen stärker veränderten, wie in Frankreich, Portugal und Spanien.

Kirchenlatein wurde weiterhin nicht nur von der Geistlichkeit, sondern auch von Philosophen, Juristen und Medizinern gebraucht. Als Sprache der Gelehrten wurde Kirchenlatein in der Renaissance dann vom humanistischen Latein abgelöst.

Mittelhochdeutsch wurde in verschiedenen Regionen im ober- und mitteldeutschen Raum gesprochen. Es gab unterschiedliche Schreibformen und Schreibtraditionen in den verschiedenen Regionen. Die regionale Gliederung des Mittelhochdeutschen deckt sich oft mit den rezenten dialektalen Großräumen, jedoch haben sich diese Dialektgrenzen seit dem Mittelalter auch verschoben. Schon vor der Zeit Gaismairs hatte diese Verschiebung weiter nach Süden stattgefunden.

Die sprachliche Gliederung basiert auf der Arbeit des deutschen Sprachforschers Hermann Paul (1846 – 1921) und ist bis heute nicht vollständig befriedigend. Vor allem ist nicht endgültig untersucht worden, welcher Text exakt welcher Region zuzuordnen ist, da auch viele Texte von unterschiedlichen Autoren verfasst wurden.

Die nachstehende regionale Gliederung hat der österreichische Sprachhistoriker Wilhelm Schmidt (1817 – 1901) zusammengestellt.

Oberdeutsch

Bis heute ist die damalige Gliederung gültig, obwohl sich die Sprachformen im Laufe der Jahrhunderte verändert haben.

- **Alemannisch, Süd-** oder **Hochalemannisch** wird auch heute noch in der Schweiz und in Südbaden gesprochen
- **Niederalemannisch** oder **Oberrheinisch** im Elsass und im Süden von Baden-Württemberg und im österreichischen Vorarlberg
- **Nordalemannisch** oder **Schwäbisch** in Württemberg und im bayerischen Schwaben
- **Bairisch** und **Nordbairisch** bis in den Nürnberger Raum, der Oberpfalz und dem südlichen Vogtland
- **Mittelbairisch** in Nieder- und Oberbayern, Nieder- und Oberösterreich sowie in Wien und Salzburg
- **Südbairisch** in Tirol, in Kärnten und in der Steiermark. Auch der Reformator Ulrich Zwingli in Zürich und der thüringische Bauernrebell Thomas Müntzer in Allstedt verbreiteten öffentlich in ihrer Sprache die Ansicht, dass jeder Mensch auch ohne die Vermittlung der hierarchischen Kirche seinen Weg zu Gott und seinem Seelenheil finden könne.
- **Ostfränkisch** wurde im bayerischen Franken, in Südthüringen, Südwestsachsen und in einem Teil von Baden-Württemberg gesprochen.
- **Südrheinfränkisch** war im nördlichen Baden und Teilen von Nord-Württemberg verbreitet.

Mitteldeutsch

Auch hier ist bis heute die damalige Gliederung gültig, wobei sich die Sprachformen im Laufe der Jahrhunderte ebenfalls verändert haben.

- **Westmitteldeutsch** im Rheinland von Düsseldorf bis Trier, im nordwestlichen Teil von Hessen, Sprachreste im Nordwesten von Lothringen.
- Das **Ripuarische** war im Kölner Raum und das **Moselfränkisch** in Trier verbreitet.
- **Rheinfränkisch** wurde im südlichen Teil des Rheinlands, in Teilen von Lothringen und Hessen, im bayerischen Franken, in Teilen von Württemberg und Baden, in der Rheinpfalz sowie am Nordrand des Elsass gesprochen.
- **Ostmitteldeutsch** war in Thüringen, **Obersächsisch** in Nordböhmen und **schlesische Sprachreste** im heutigen Polen verbreitet.

Die Abgrenzung der verschiedenen Sprachregionen muss unterschiedlich getroffen werden, denn wo durch die Bibelübersetzung von Martin Luther die neuhochdeutschen Sprachmerkmale die Dialekte nicht ersetzt hatten, wurde länger an älteren Sprachformen festgehalten. In der Lebenszeit Gaismairs hat sich beispielsweise in der Deutsch-Schweiz das Frühneuhochdeutsche erst im späten 15. Jahrhundert durchgesetzt.[2]

2 Stefan Sonderegger in: Historisches Lexikon der Schweiz (Kap. 2.3. Frühneuhochdeutsch und älteres Neuhochdeutsch in der Schweiz)

Durch diese Sprachenvielfalt lassen sich die unterschiedlichen wissenschaftlichen, wirtschaftlichen und politischen Aktivitäten zwischen Geistlichkeit, Hochadel, Oberschichten der Städte und den Großhandelsimperien, wie z. B. dem der Fugger gegenüber den Bauern, Handwerkern und dem niederen Adel erklären. Die Folge waren große soziale Unterschiede, die zu Unruhen und Aufständen gegenüber dem Hochadel, den Machthabern in den Städten und der katholischen Kirche führten.

Während der Reformationszeit nutzten Martin Luther, Thomas Müntzer, Ulrich Zwingli und Johannes Calvin ihre Mehrsprachigkeit, um beim einfachen Volk Begeisterung zu erwecken. Aber auch Rebellen wie Michael Gaismair waren mehrsprachig gebildet und gewannen in den Bauernkriegen treue Gefolgschaft. Adlige wie Götz von Berlichingen und Florian Geier von Giebelstadt unterstützten die aufständischen Bauern. Dabei hat für die Verbreitung der jeweiligen Thesen der von Gutenberg erfundene Buchdruck einen wesentlichen Beitrag geleistet.

Die politische Situation im Reich

Bis heute hat uns die Geschichte immer wieder gezeigt, dass sprachliche Unterschiede bis in die jüngste Vergangenheit mit einer der Gründe sind, warum es zu Spaltungen in der Bevölkerung kommt. Die nach dem Zweiten Weltkrieg in das damalige Westdeutschland aus den ehemaligen Ostgebieten Pommern, West- und Ostpreußen sowie Schlesien geflohenen Flüchtlinge taten sich anfangs sehr schwer, z. B. in Bayern von der ländlichen Bevölkerung unterstützt zu werden.

Ganz anders sah dies bei den geflüchteten Sudetendeutschen aus. Sie hatten eine der bayerischen Mundart ähnliche Sprache, die verstanden wurde. Bis heute nennt die bayerische Staatsregierung sie als fünften Stamm zu den Ober- und Unterfranken, Schwaben und Altbayern.

Nach der Wiedervereinigung der Bundesrepublik Deutschland kamen viele Mitteldeutsche mit sächsisch-thüringischer Mundart in den Westen und hatten es anfangs schwer, im sozialen Umfeld aufgenommen zu werden. Dabei spielte natürlich zusätzlich auch die Vergangenheit in der kommunistischen DDR eine gewisse Rolle.

Die Machtkämpfe der führenden Adelshäuser in ganz Europa und ihre kriegerischen Auseinandersetzungen haben bis in die heutige Zeit ihre Auswirkungen hinterlassen.[3] Im 15. und zu Beginn des 16. Jahrhunderts dehnten die Habsburger vor allem durch geschickte Heiratspolitik ihre Herrschaft aus. Durch Erbschaft erhielt Maximilian I., der spätere Kaiser, im Jahr 1500 Lienz und Tirol. Schon als Erzherzog war er besonders in Tirol sehr beliebt gewesen. Der Grund war, dass er den im Mittelalter von Ludwig dem Brandenburger, dem Sohn Ludwig des Bayern verkündeten Freiheitsbrief für alle Stände beibehielt. Darin heißt es, dass in Tirol Adel, Geistlichkeit, Bürger und Bauern an Gesetzgebung und Regierung teilhaftig sind.

Herzog Friedrich IV. (mit dem Beinamen ›Friedrich mit der leeren Tasche‹) hatte 1420 die Residenzstadt von Meran nach Innsbruck verlegt, die der ›Weiskunig‹, wie Maximilian I. in seinen österreichischen Landen genannt wurde, nach burgundischem Vorbild wie in allen österreichischen Ländern als zuständige Verwaltungseinheit bestätigte.[4] Ferner wurde mit ihm vereinbart, dass ohne Zustimmung der Stände in Tirol keine kriegerischen Handlungen stattfinden durften. 1487 stellte die Landesordnung ausdrücklich fest, dass in Tirol politische Mei-

---

3 Ulrike Raich, Martin Luther. Seine Zeit – sein Wirken – die Folgen. Eckartschrift 229, Wien 2017, S. 4 ff.

4 Josef Bellot in: Gunther Gottlieb u. a. (Hrsg.), Geschichte der Stadt Augsburg von der Römerzeit bis zur Gegenwart. Stuttgart 1984, S. 343 ff.

nungsfreiheit herrschte und 1511 ergänzte der Weiskunig die Landesordnung, dass ohne Zustimmung der »Landschaft« kein Angriffskrieg geführt werden dürfe. Als diese Landesordnung vor den Bauernkriegen von den Tiroler Machthabern für nichtig erklärt wurde und zur Enthauptung eines Bauern führte, der auf seinen Grundrechten aus der Landesordnung bestand, war dies die Ursache für den dortigen Bauernaufstand unter der Führung von Michael Gaismair.

Der ›Weiskunig‹ war als großzügiger Schöngeist bekannt und hatte permanent Geldsorgen. Er ließ sich durch die mächtigen Augsburger Fugger laufend finanziell unterstützen und begab sich dadurch in ihre Abhängigkeit. Von Kind auf lebte er die meiste Zeit in Augsburg, wo der dortige Stadtschreiber Conrad Peutinger die Verherrlichung der Habsburger Familiengeschichte u.a. mit der Veröffentlichung des ›Theuerdank‹ mit Bildmaterial von den Augsburgern Hans Burgkmair und Hans Schönsperger festgehalten hat.

Als Kaiser Maximilian I. weitete er den Habsburger Besitz auf Spanien, die Niederlande und Teile Italiens aus. So entstand der habsburgisch-französische Gegensatz, der die europäische Politik für mehr als 200 Jahre prägte.

Sein Enkel Kaiser Karl V. übertrug die österreichischen Länder 1521 seinem Bruder Ferdinand I. (Fernandus.), der 1503 in Alcalá de Henares bei Madrid geboren wurde und kein Deutsch sprach. Als Achtzehnjähriger war der junge Erzherzog in seiner Regentschaft sehr unsicher und beschäftigte einen Beraterstab, darunter auch Jakob Fugger. In erster Linie wollte er die hohe Verschuldung beseitigen, die sein Großvater Kaiser Maximilian I. verursacht hatte. Diese Politik wurde während des Tiroler Bauernaufstandes durch Missachtung der Landesordnung fortgesetzt.

1526 erbte Fernandus die Königreiche Böhmen und Ungarn. Letzteres stand nach der Schlacht von Mohács jedoch zum größten Teil unter der Kontrolle des Osmanischen Reiches, das nun direkt im Osten des Habsburger Reiches an die österreichischen Länder grenzte. Im 17. Jahrhundert erstreckte es sich von seinen Kernlanden Kleinasien und Rumelien nordwärts bis in das Gebiet um das Schwarze und das Asowsche Meer weit nach Südosteuropa hinein.[5] Das Osmanische Reich beanspruchte politisch, militärisch und wirtschaftlich eine europäische Großmachtrolle neben dem Heiligen Römischen Reich der Habsburger, Frankreich und England.

Im Mittelmeer kämpfte das Reich mit den italienischen Republiken Venedig und Genua, dem Kirchenstaat und dem Malteserorden, um die wirtschaftliche und politi-

5 vgl. Wikipedia

sche Vormachtstellung. Ab dem späten 17. bis ins späte 19. Jahrhundert hinein rang es mit dem Russischen Kaiserreich um die Herrschaft über die Schwarzmeerregion. Im Indischen Ozean forderte das Osmanische Reich Portugal im Kampf um den Vorrang im Fernhandel mit Indien und Indonesien heraus. Durch die ununterbrochen intensiven politischen, wirtschaftlichen und kulturellen Beziehungen ist die Geschichte des Osmanischen Reiches mit derjenigen Westeuropas eng verbunden.

Im Laufe des 18. und vor allem im 19. und 20. Jahrhundert erlitt das Osmanische Reich in Auseinandersetzungen mit den europäischen Mächten sowie durch nationale Unabhängigkeitsbestrebungen in seinen rumelischen Kernlanden erhebliche Gebietsverluste. Sein Territorium verkleinerte sich auf das europäische Thrakien sowie auf Kleinasien. Der Erste Weltkrieg führte innerhalb der wenigen Jahre von 1917 bis 1922 zum Ende der vier großen Monarchien der Hohenzollern, Habsburger, Romanows und Osmanen, die die Geschichte Europas über Jahrhunderte hinweg geprägt hatten. Im Türkischen Befreiungskrieg setzte sich eine Nationalregierung unter Mustafa Kemal Pascha durch; 1923 wurde als Nachfolgestaat die Republik Türkei gegründet.

Durch die seit 2015 immer stärkere Einwanderung aus den durch moslemischen Glauben geprägten kleinasiatischen Staaten ist die türkische Regierung bis heute ein schwieriger diplomatischer Partner. Der derzeitige Herrscher Erdogan ist ein Verfechter des absolutistischen Islam. Dadurch wird die christlich geprägte Demokratie im Abendland durch falsch verstandene Liberalität immer stärker gefährdet und damit auch die von Michael Gaismair geschaffene Tiroler Landesordnung, eine demokratische Verfassung auf christlicher Basis, unterlaufen.

In England wurde der Streit zwischen den rivalisierenden Adelshäusern York und Lancaster durch Kriege geprägt. Frankreich gliederte sich den westlichen Teil Burgunds ein, was Jahrhunderte lang zu Rivalitäten, geprägt durch Kriege zwischen dem deutschsprachigem Europa und Frankreich, führte.

1524 kam es zum Ausbruch des Bauernkrieges durch Aufstände von Bauern und Städtern überall im damaligen Deutschen Reich[6] und in der Schweiz. Bauern, Bergleute, manche Adelige und benachteiligte Städter erhoben sich aus wirtschaftlicher Not gegen ihre besitzenden Machthaber.

Auch der Katholizismus in der damaligen Form stellte eine Belastung für die Bauern dar. Die kirchlichen Einrichtungen waren in der Regel selbst feudal organisiert.

---

6 Wilhelm Zimmermann, Allgemeine Geschichte des deutschen Bauernkrieges. 3 Bde. Stuttgart 1841-43

Kaum ein Kloster existierte ohne zugehörige Dörfer. Die Kirche bezog ihre Einnahmen vorwiegend aus Spenden, Ablasshandel sowie dem Zehnten (Abgabesteuer in Geld oder Naturalien). Letzterer war auch für den herrschenden Adel und die Patrizier in den Städten eine wichtige Finanzquelle.

Die Bauern trugen die Hauptlast zur Aufrechterhaltung der Feudalgesellschaft: Fürsten, Adel, Beamte, Patrizier und der Klerus lebten von deren Arbeitskraft – und da die Zahl der Nutznießer immer weiter anstieg, stiegen auch die Abgaben, die die Bauern zu leisten hatten. Neben dem Großzehnt und dem Kleinzehnt auf die meisten ihrer erwirtschafteten Einkünfte und Erträge zahlten sie Steuern, Zölle und Zinsen und waren häufig ihren Grundherren zu Fron- und Spanndiensten verpflichtet.

Auch Ulrich Zwingli in Zürich und der Thüringer Bauernrebell Thomas Müntzer vertraten öffentlich die Ansicht, dass jeder Mensch ohne die Vermittlung der hierarchischen Kirche seinen Weg zu Gott und seinem Seelenheil finden könne.

Martin Luther (1483 – 1546)

Obwohl die Standpunkte der Reformation eine wesentliche Rechtfertigung für die aufständischen Bauern waren, distanzierte sich Martin Luther vom Bauernkrieg. Schon 1521 unterschied er genau zwischen weltlichem und geistlichem Bereich, da er mit der Reformation die Veränderung der damaligen römisch-katholischen Kirche und nicht die Veränderung der weltlichen Ordnung erreichen wollte. Von der Obrigkeit wurde er trotzdem zunehmend für die Geschehnisse im Bauernkrieg verantwortlich gemacht, weil er sich nicht eindeutig von den Forderungen der Bauern distanzierte.

Noch 1525 kritisierte Luther in seiner Ermahnung zum Frieden das »hochmütige« Verhalten der Fürsten. Erst nach der Weinsberger Bluttat[7] schlug er sich eindeutig auf die Seite der Fürsten und verurteilte die Aufständischen scharf: »…man soll sie zerschmeißen, würgen, stechen, heimlich und öffentlich, wer da kann, wie man einen tollen Hund erschlagen muss.« Seine Schrift ›Wider die Mordischen und reubischen Rotten der Bawren‹ veröffentlichte Luther allerdings erst zu einem Zeitpunkt, als die Niederlage der Bauern bereits absehbar war.

Nach 1525 verlor die Evangelisch-Lutherische Kirche ihren revolutionären Geist und zementierte – von Luther

---

7 Rebellische Bauern erobern in blutigen Kämpfen am Ostermontag 1525 unweit von Stuttgart Burg und Stadt Weinstein und verurteilen die dortigen Verteidiger zum Tode, was Luther und gemäßigteren Bauern missfiel.

unterstützt – die herrschenden gesellschaftlichen Verhältnisse mit dem Glaubenssatz: »Seid untertan der Obrigkeit.«

Philipp Melanchthon (1497 – 1560)

Der Reformator gibt dem Pfälzer Kurfürsten Ludwig V. nach dessen Bitte im Mai 1525 einen Freibrief, dass er sich nicht an die verhandelten Vereinbarungen mit den Bauern halten müsse. Ludwig V. besiegt daraufhin die Bauern mit einem Söldnerheer.

Thomas Müntzer (1489 – 1525)

Der Reformator und Theologe war ursprünglich Anhänger Martin Luthers. Im Gegensatz zu diesem stand er aber für die gewaltsame Befreiung der Bauern im Thüringer Mühlhausen, wo er Pfarrer der Marienkirche war und die Aufstände förderte. Er versuchte seine Vorstellungen für eine gerechtere Gesellschaftsordnung umzusetzen: Aufhebung der Privilegien, Auflösung der Klöster, Räumlichkeiten für Obdachlose, Einrichtung von Speisungen. Im Mai 1525 wurde Müntzer mit seinem Bauernheer durch die Söldner des Grafen Philipp von Hessen besiegt, gefangengenommen, gefoltert und enthauptet. Seine religiösen Ziele hat er 1521 im ›Prager Manifest‹ schriftlich niedergelegt.

Michael Gaismair (1490 – 1532)

Der Bauernführer Michael Gaismair hat nach dem Scheitern der Innsbrucker Forderungen für Tirol eine gesetzlich verankerte Landesordnung zum Ziel gehabt, die er bis zu seinem plötzlichen Ende verwirklichen wollte.

Römisches Reich Teutscher Nation. Erstmals offiziell verwendet wurde dieser Zusatz 1512 in der Präambel des Abschieds des Reichstages in Köln. Kaiser Maximilian I. hatte die Reichsstände unter anderem zwecks Erhaltung des ›Heiligen Römischen Reiches Teutscher Nation‹ geladen.
(Quelle: Wikipedia, Zeichnung: Ziegelbrenner)

Die damalige militärische Situation

Kaiser Maximilian I., der Weiskunig, ging als ›Letzter Ritter‹ in die Geschichte ein. Er ernannte unter anderen Georg von Frundsberg, als Nachkomme eines Tiroler Adelsgeschlechtes im bayerischen Mindelheim geboren, zum Heeresführer im Heiligen Römischen Reich und schickte ihn dem Herzog von Mailand zur Hilfe, damit dieser die Franzosen besiegen konnte. Daraufhin wurde Frundsberg zum Feldhauptmann von Tirol ernannt. Er hatte erkannt, dass die Zeit der gepanzerten Ritter zu Ende ging und schuf nach schweizerischem Vorbild aus einem Söldnerheer eine Fußtruppe, wodurch er als ›Vater der Landsknechte‹ bekannt wurde (diese Bezeichnung wurde teilweise auch auf Maximilian I. angewendet). Mit ihrer disziplinierten Angriffstechnik waren die Soldaten ihren Gegnern damals meist überlegen. Kaiser Maximilian erhob Frundsberg wegen seiner militärischen Erfolge in den Ritterstand.

Die Waffen der Landsknechte bestanden aus einem Langspieß, einer bis zu sechs Meter langen Stangenwaffe mit einer 30 Zentimeter langen Spitze, dazu eine kürzere Hellebarde der Feldwebel, die die Geschlossenheit der Formation sicherstellten. Außerdem kamen sogenannte Glefen und Partisanen (zwei weitere Stangenwaffen),

Wurfspieß und Morgenstern zum Einsatz. Die bisher verwendete Armbrust wurde durch Feuerwaffen ersetzt.

Oben:
Nikolaus Knilling,
Die Beschießung von Kufstein 1504
Holzschnitt ohne Jahresangabe

Rechts:
Georg von Frundsberg
(aus: Altbayerische Heimatpost,
56. Jahrgang Nr. 10)

Eine wesentliche Neuerfindung war die Kanone, die erstmals im Hundertjährigen Krieg in Frankreich zum Einsatz kam. Seither wurde sie unter den verschiedensten Namen eingesetzt, wie auch bei der Tiroler Rückeroberung des jahrhundertelang zu Bayern gehörenden Grenzort Kufstein durch den Weiskunig mit Georg von Frundsberg im Jahr 1504.[8]

Kaiser Maximilian I. (1459-1519), Holzschnitt des Augsburger Malers Hans Burgkmair d. Ä. von 1508 (aus: Altbayerische Heimatpost, 56. Jahrgang Nr. 10)

8 Wolf Schmid, Vor 500 Jahren ging Kufstein für Bayern verloren. In: Altbayerische Heimatpost, 56. Jahrgang Nr. 10

Der Quaternionenadler mit den Reichsständen als Symbol des Reiches.
Holzschnitt von Hans Burgkmair d. Ä. von 1510.
Handkolorierung durch Jost de Negker.

Der niederländische Holzschneider Jost de Negker (1485 – 1544) lebte viele Jahre in Augsburg und färbte den oben abgebildeten Holzschnitt von Hans Burgkmair d. Ä. ein, um die Ländereien des damaligen Heiligen Römischen Reiches zu verdeutlichen. Sein Sohn David hat durch den Druck für die Veröffentlichung des Holzschnitts gesorgt.

Ursachen der sozialen Spannungen

Die beschriebenen Einflüsse zu Beginn des 16. Jahrhunderts – Humanismus, Sprachenvielfalt, Ständeordnung aus Klerus, Hochadel, Machthaber der Städte und den Großhandelsimperien –, dazu die tiefgreifende Veränderung der militärischen Situation und vor allen Dingen die Aufbruchstimmung durch die zahlreichen Reformatoren (im besonderen Martin Luther) waren Ursache für große soziale Unterschiede. Diese führten zu den bereits geschilderten Unruhen und Aufständen gegen den Hochadel, die Machthaber in den Städten und die katholische Kirche: In den nachfolgenden Kapiteln wollen wir die Umstände eingehender beleuchten.

Erste Unruhen unter den Bauern ab 1476

Wie bereits im Kapitel über das Heilige Römische Reich zu Beginn des 16. Jahrhunderts beschrieben, wurden die Aufstände in erster Linie von den Bauern getragen, die damals einen Anteil von 80 Prozent der Bevölkerung hatten. Daher ist die Bezeichnung ›Bauernkriege‹ historisch nachvollziehbar. Unabhängig davon war diese Rebellion die erste Revolution im damaligen Reich. Die Zustände wurden schon früh von Hans Böhm (dem ›Pfeifer von Niklashausen‹) in Tauberfranken und später auch von Martin Luther kritisiert. Als der Dominikaner Johann Tetzel 1517 im Auftrag des Erzbischofs von Mainz, Albrecht von Brandenburg und des Papstes Leo X. durch Deutschland zog, dort erfolgreich den Ablass predigte und seine Ablasszettel verkaufte, verfasste Luther seine 95 Thesen, die er der Überlieferung zufolge am 31. Oktober 1517 an die Kirchentür von Wittenberg nagelte.

Im selben Jahr behauptete der junge Hirte Hans Böhm vor der kleinen mittelfränkischen Wallfahrtskirche von Niklashausen, er solle im Auftrag der Mutter Gottes die Welt bekehren. Dabei kritisierte er scharf die damaligen Missstände in der katholischen Kirche und die katastrophale wirtschaftliche Lage der Bauern. Zur Überwindung dieser Missstände wollte das ›Pfeiferhänslein‹, wie er auch genannt wurde, das Gottesreich auf Erden errichten. Verständlich, dass er einen großen Zulauf von Gläubigen hatte. Als dieser bis auf 30.000 Menschen anwuchs, ließ ihn der Fürstbischof von Würzburg schließlich ergreifen und 1476 auf dem Scheiterhaufen als Ketzer verbrennen.

Im Frühjahr 1502 kam es zum Bundschuh-Aufstand, den der dem Bistum Speyer zugehörige leibeigene Bauer

Joß Fritz aus dem damaligen badischen Untergrumbach bei Bruchsal gegen die geistliche Obrigkeit im Bistum Speyer in die Wege leitete. Gemeinsam mit rund 20.000 Leidensgefährten wollte er gegen die Willkürherrschaft angehen. Als Symbol wählten sie den Bundschuh, eine mit Riemen geschnürte Fußbekleidung der Bauern.

Weitere zahlreiche Bürgererhebungen – vor allem in südwestdeutschen Städten zwischen 1509 und 1514 – waren zumeist von den ärmeren und unterprivilegierten Schichten getragen und gegen die ökonomischen und politischen Privilegien der Patrizier und des Klerus gerichtet. Wie bereits geschildert, war der Hochadel an einer Änderung der Lebensumstände der Bauern nicht interessiert, weil dadurch zwangsläufig eigene Privilegien und Vorteile eingeschränkt worden wären.

Der niedere Adel hatte mit einem dramatischen Machtverlust zu kämpfen, was zu eigenen Aufständen führte (Pfälzischer Ritteraufstand 1522/23). Der Versuch vieler niederer Adliger, sich durch Raubrittertum über Wasser zu halten, ging größtenteils wiederum zu Lasten der Bauern. Auch der Klerus war gegen jede Veränderung: Der Katholizismus stellte damals eine Kernsäule des Feudalismus dar. Die kirchlichen Einrichtungen waren in der Regel selbst feudal organisiert – kaum ein Kloster existierte ohne zugehörige Dörfer. Die Kirche bezog ihre Einnahmen vorwiegend aus Spenden, Ablasshandel und dem Zehnten (eine Steuererhebung von 10 Prozent). Letzterer war auch für den Adel eine wichtige Finanzquelle.

Die einzigen Reformbestrebungen, die auf die Abschaffung der alten Feudalstrukturen innerhalb der Städte zielten, gingen vom dort erstarkenden Bürgertum aus, blieben aber schwach ausgeprägt, da auch die Bürger von Adel und Klerus abhängig waren.

Die Auslöser der Bauernkriege waren mit denen der späteren Französischen Revolution von 1789 durchaus vergleichbar. Aber auch der gescheiterte Versuch einer demokratischen Verfassung in der Frankfurter Paulskirche von 1848, in der sich Abgeordnete aus dem damaligen deutschen und österreichischen Sprachraum versammelt hatten, um über die Gründung eines deutschen Nationalstaates zu verhandeln. Bekanntlich scheiterte dieser Versuch an den unterschiedlichen politischen Auffassungen der Teilnehmer. Die Monographie des bayerischen Historikers Johann Nepomuk Sepp[9], einem Mitglied der Nationalversammlung, vermittelt hierzu einen authentischen Einblick in die Uneinigkeit der Abgeordneten.

---

9 Dr. Johannes Nepomuk Sepp (1816 – 1909), Ein Bild seines Lebens nach seinen eigenen Aufzeichnungen, Bd. I (mehr nicht erschienen). Regensburg 1916 [Aus dem Archiv von Wessofontanum, Vereinigung zur Erhaltung, Förderung und Erforschung Wessobrunner Kulturgüter]

Auch 1848 wollte sich eine unterprivilegierte Schicht gegen die immer drückendere Belastung der privilegierten Minderheit auflehnen. Deshalb ist die Bezeichnung »Erste große Revolution auf deutschem Boden« für den Bauernkrieg durchaus berechtigt. Bis heute ist in der Bundesrepublik Deutschland eine starke Uneinigkeit zu verspüren, die aber immer stärker durch die sogenannte ›Political Correctness‹ überdeckt wird. Konservative Kreise sprechen bereits von einer »DDR light«!

Die Bauernkriege zwischen 1524 und 1526

Die Bundschuh-Bewegung bildete den Auftakt der Bauernkriege. Sie erfasste das Gebiet des Oberrheins, Württemberg, Oberschwaben, Franken, Thüringen bis Sachsen und das Rheinland, sowie Tirol und Salzburg. Auch in zahlreichen Städten (Frankfurt am Main mit dem Zunftaufstand, Nürnberg, Mühlhausen, Würzburg) kam es zu Unruhen. Die Bauern protestierten gegen übermäßige Abgaben und Arbeitsleistungen, aber auch gegen das Eingreifen der Feudalherren in alte traditionelle Rechte wie die Selbstverwaltung eines Dorfes und die Nutzungsrechte von Wald, Wiesen und Gewässern.

Durch die aufkommende Reformation fühlten sich die Bauern in ihren Forderungen bestärkt. Sie beriefen sich nicht nur auf alte Traditionen, sondern nun auch auf das Evangelium. So begründeten sie ihre Forderung nach der Aufhebung der Leibeigenschaft mit der Erlösung durch Christus. Auch kriegserfahrene Adelige unterstützten die Bauern, zum Beispiel der Franke Florian Geyer von Giebelstadt oder Götz von Berlichingen, der im Odenwald lebte.

Aber die Bauern waren nicht gut organisiert und besaßen über die Landesteile hinaus keine einheitliche Führung. Die Aufstände spielten sich in ihren regionalen Grenzen ab. Während die einen verhandelten, plünderten die anderen, um ihre Ziele zu erreichen. Die Fürsten warfen schließlich 1526 die Erhebungen nieder. So blieben die Ziele der Bauern weiterhin nur ein frommer Wunsch. Unter Berufung auf ein Prinzip, das sie göttliche Gerechtigkeit nannten, forderten sie die Aufhebung der Leibeigenschaft, die Abschaffung der Obrigkeit und die Aufteilung geistlicher Güter. Statt dessen verloren sie nach den gescheiterten Aufständen über Jahrhunderte ihre politische Bedeutung. Eine Ausnahme bildete Tirol mit Michael Gaismair, der mit seiner militärischen und politischen Strategie trotz so mancher Rückschläge bis zu seinem tragischen Tod unbeirrt seine Ziele verfolgte.

Die erste Erhebung im Bauernkrieg fand im Juni 1524 im badischen Wutachtal bei Stühlingen statt. Sie richtete sich gegen den im Schloss Hohenlupfen regierenden Grafen Sigmund II. von Lupfen. Die Bauern bildeten im Raum St. Blasien ein Fähnlein (entspricht 400 bis 600 Mann) und wählten als ihren Anführer Hans Müller von Bulgenbach.

Im selben Monat kam es auch bei Forchheim in der Nähe von Nürnberg zu Unruhen, zu deren Anführern unter anderen der Bauer von Woehrd[10] zählte, der gemein-

10 www.fuerthwiki.de/wiki/index.php/Das_Blutgericht_im_Bauernkrieg

sam mit zwei Knappen aus dem Handwerk der Tuchmacher vom Nürnberger Rat der Stadt mit dem Schwert hingerichtet wurde. Kurz darauf folgte der Aufstand von Thomas Müntzer in Mühlhausen bei Erfurt.

Die genauen zeitlichen Abläufe sind in vielen Landesteilen nur schwer nachvollziehbar, da die historischen Ereignisse nur lückenhaft dokumentiert sind. Dazu gehört auch die Abfolge der Unruhen in der Landgrafschaft Stühlingen am westlichen Bodensee und im Schwarzwald, die ebenfalls im Juni 1524 stattfanden. Die Untertanen der Grafen von Lupfen hatten unter deren willkürlicher Rechtspflege zu leiden. Auslöser des Aufstands soll angeblich die Forderung der Gräfin von Lupfen gewesen sein, Schneckenhäuschen zu sammeln, damit sie Garn darauf spinnen könne.

Im August 1524 zogen unter gelb-rot-schwarzen Fahnen die aufständischen Stühlinger Bauern nach Waldshut zur Kirchweih und trafen sich zu einer Beratung. Das Ergebnis war der Versuch eines Vergleichs mit dem Stühlinger Grafen im September 1524. Als Antwort darauf wurde das Vieh der Bauern von der Stühlinger Dienerschaft in dessen Schloß verbracht.

Zur selben Zeit berichteten die Schloßherren Hans und Burkhart zu Schellenberg den Herren von Hüfingen über die Unruhen seitens ihrer Untertanen. Es sei zu befürchten, dass sie sich mit den Stühlingern verständigen würden. Im Oktober 1524 erfuhr der Rat der Stadt Villingen im Schwarzwald, dass sich die Bauern der Landgrafschaft Stühlingen zusammengerottet hätten und im Anzug seien. Die Stühlinger Bauern zögen nach Norden, Westen und Osten. Zweck dieses Marsches, der mehrere Tage und Nächte in Anspruch nahm, war Stimmung zu machen und Anhänger zu gewinnen. In der Tat schloss sich eine große Zahl von Aufständischen an, es handelte sich dann insgesamt um 3.000 Bauern.

Zwei Abgesandte der Bauern baten den Bürgermeister des am westlichen Bodensee gelegenen Überlingen um Vermittlung. So kam es zum Ewattinger Vertrag, der durch ein Schiedsgericht beglaubigt werden sollte. Das bedeutete ein vorläufiges Ende der Unruhen. Bei den anschließend wieder aufgeflammten Aufständen geben die Chroniken sehr unterschiedliche Informationen über deren Abläufe.

Die Bauernaufstände in dieser Region sind ein Beleg dafür, wie lückenhaft Chroniken waren. In Oberschwaben rund um den Bodensee gärte es schon länger und innerhalb kurzer Zeit bildeten sich im Februar und März 1525 drei bewaffnete Bauernheere: der Baltringer Haufen, der Seehaufen und der Allgäuer Haufen. Der größte der drei war der Baltringer Haufen. Mehr als 12.000 Bauern, Bürger und Geistliche sammelten sich hier innerhalb weniger Tage im Baltringer Ried in der Nähe von Biberach.

Auch der Seehaufen in der Nähe von Lindau bestand aus annähernd 12.000 Männern, darunter viele einfache Geistliche und Landsknechte. Die 7.000 Allgäuer Bauern, die vor allem gegen den Fürstabt von Kempten aufbegehrten, lagerten bei Leubas unweit der Stadt Kempten. Die drei oberschwäbischen Bauernhaufen wollten vor allem eine Verbesserung ihrer Lebensverhältnisse erreichen und keinen Krieg beginnen. Deshalb setzten sie auf Verhandlungen mit dem Schwäbischen Bund.[11]

Fünfzig Vertreter der drei Bauernhaufen trafen sich dazu in der freien Reichsstadt Memmingen, deren Bürgerschaft mit den Bauern sympathisierte. Hier versuchten die Führer aller drei Haufen, die Forderungen der Bauern zu artikulieren und argumentativ mit der Bibel zu untermauern. Im Februar/März 1525 wurden die ›Zwölf Artikel der Bauernschaft‹ verfasst, als deren Urheber der Kürschnergeselle Sebastian Lotzer und

---

11 Dieter Stievermann, Schwäbischer Bund. In: Historisches Lexikon des Fürstentums

der Prädikant (Laienprediger) Christoph Schappeler gelten.[12]

Viele Adlige unterstützten die Bauernaufstände. Der bekannteste Ritter unter ihnen war Götz von Berlichingen, den Goethe im gleichnamigen Drama mit seinem sagenumwobenen Ausspruch verewigt hat. Aber auch Ulrich von Hutten und sein einflussreicher Freund Franz von Sickingen waren Anhänger der Reformation. Der mächtige Ritter und der Söldnerführer förderten die reformatorische Bewegung und unterstützten die Bauern. Hutten floh vor der Vollstreckung der inzwischen gegen ihn erwirkten Reichsacht und zog sich schließlich in die Schweiz zurück, wo er von Huldrych Zwingli in Zürich aufgenommen wurde. Im August 1523 erlag Ulrich von Hutten auf der Insel Ufenau im Zürichsee einer schweren Erkrankung. Er wurde dort neben der Kirche St. Peter und Paul beigesetzt.

Im Gegensatz zu Luther wollten Zwingli und Calvin nicht nur die christliche Lehre reformieren, sondern sie auch in der staatlichen Gesetzgebung umsetzen. Michael Gaismair hat Zwingli nach seiner Flucht in die Schweiz im Jahr 1525 kennengelernt und der Reformator hat ihn

---

12 Günther Franz, Die Entstehung der Zwölf Artikel der deutschen Bauernschaft. In: Archiv für Informationsgeschichte. Bd. 36, 1940, S. 193-213

tief beeindruckt. Zwingli empfahl Gaismair eine Landesordnung für Tirol. Daher erscheint es sinnvoll, im folgenden auf das Leben von Zwingli etwas näher einzugehen.[13]

Huldrych Zwingli (1484 – 1531)

1484 als Bauernsohn im schweizerischen Wildhaus geboren, hat Zwingli unter der Obhut seines Onkels Bartholomäus die Lateinschulen in Basel und Bern besucht. Er studierte anschließend an den Universitäten Wien und Basel die ›Sieben freien Künste‹ (*Septem artes liberales*) und schloß nach dem Bakkalaureus mit dem Grad eines Magister Artium ab. Parallel dazu begann er in Basel mit einem Theologiestudium. 1506 wurde er von Bischof Hugo von Hohenlandenberg im Münster des Schweizer Grenzortes Koblenz zum Priester geweiht und nach Glarus berufen.

Der damals noch papsttreue Zwingli begleitete die Glarner Truppen als Feldprediger nach Italien. Wegen der starken Franzosenpartei in Glarus musste er schließlich trotz großer Beliebtheit seine dortige Stelle aufgeben und wechselte 1516 als ›Leutpriester‹ ins Kloster Einsiedeln. In Basel kam es zu einer persönlichen Begegnung

13 Christian Moser, Institut für Schweizerische Reformationsgeschichte der Universität Zürich

mit Erasmus von Rotterdam, der Zwingli tief beeindruckte. Durch ihn wurde er zum Reformer und predigte besonders gegen die Exzesse des Ablasshandels. Im Gegensatz zur üblichen Praxis legte er bei seinen Predigten nicht die gängige Perikopenordnung zugrunde, sondern betrieb eine fortlaufende Auslegung biblischer Texte.

In den folgenden Jahren reifte Zwingli vom humanistisch geprägten Reformer zum Reformator, dessen Predigten großen Anklang fanden und den Grundstein zu einer Umgestaltung der Verhältnisse in Zürich legten. Von großer Bedeutung war Zwinglis radikale, von eigenen Erfahrungen auf dem Schlachtfeld geprägte Ablehnung des Solddienstwesens (*Ein göttlich Vermanung an die ersamen, wysen, eerenvesten, eltisten Eydgnossen zuo Schwytz,* 1522). Als daraufhin angesehene Bürger mit Verweis auf Zwingli demonstrativ die kirchlichen Fastengebote übertraten, kam es zum Konflikt mit dem für Zürich zuständigen Bischof von Konstanz. Zwingli rechtfertigte den Fastenbruch in seiner ersten eindeutig reformatorischen Schrift *Von Erkiesen und Fryheit der Spysen* (1522), indem er – angeregt durch seinen Freund, den Buchdrucker Christoph Froschhauer – dem traditionellen Kirchenlatein das reformatorische Schriftprinzip gegenüberstellte.

Noch im selben Jahr forderte er vom Konstanzer Bischof die Aufhebung des Priesterzölibats und die Einführung der schriftgemäßen Predigt (*Supplicatio ad Hugonem episcopum Constantiensem*) und bestritt schließlich in der Schrift *Apologeticus Archeteles* grundsätzlich dessen Zuständigkeit. In Zürich selbst war Zwinglis Tätigkeit und Predigt nicht unangefochten, was den Rat zur Einberufung eines Religionsgespräches veranlasste. Zur Vorbereitung dieser sogenannten Ersten Zürcher Disputation im Januar 1523 verfasste Zwingli eine Zusammenfassung seiner Lehre in 67 Artikeln, die er im selben

Hans Asper, Huldrych Zwingli, Öl auf Leinwand, 1549

Jahr zur Schrift *Usslegen und Gründ der Schlussreden oder Articklen* umarbeitete.

Die Disputation brachte die offizielle Anerkennung von Zwinglis Lehre durch den Rat und die Verpflichtung der Pfarrer zur schriftgemäßen Predigt. Eine zweite Disputation im Oktober über die Bilderfrage und die Messe legte den Grundstein zur Umgestaltung der Kirche und des Gemeinwesens in reformatorischem Sinn: Abschaffung der Messe, Entfernung der Bilder, Aufhebung der Klöster, Neuorganisation der Armenfürsorge (Almosenordnung von 1525) und Errichtung eines von der bischöflichen Jurisdiktion unabhängigen Ehegerichts.

Zudem wurde ein exegetisches Seminar als Ausbildungsstätte einer reformierten Pfarrerschaft etabliert, aus dem später die Zürcher Hohe Schule hervorging. Eine Frucht dieses Seminars war die unter Zwinglis Führung erarbeitete sogenannte ›Zürcher Bibel‹. Aus Rücksicht auf die »Schwachen im Glauben« (bzw. Stimmungen im Volk) wurden diese Maßnahmen behutsam durchgeführt, wogegen sich radikaler gesinnte Anhänger Zwinglis – unter anderen Konrad Grebel, Felix Manz und Jörg Blaurock – aussprachen. Diese wandten sich schließlich dem Täufertum zu und wurden in der Folge von Zwingli und dem Rat heftig bekämpft (u.a. *In catabaptistarum strophas elenchus,* 1527).

Unter Zwinglis zahlreichen Schriften kommt dem Text

Von göttlicher und menschlicher Gerechtigkeit sowie seinem Hauptwerk *Commentarius de vera et falsa religione* besondere Bedeutung zu. Im erstgenannten bestimmte er das Verhältnis zwischen der kirchlichen und politischen Sphäre neu. Deshalb verstand sich die Zwinglische Reformation nicht nur als Erneuerung der Kirche, sondern des gesamten Gemeinwesens.

Die Jahre ab 1525 wurden unter anderem beherrscht von Zwinglis Kampf gegen das Pensionen- und Solddienstwesen, von den Bestrebungen, der Reformation in der Eidgenossenschaft zum Durchbruch zu verhelfen und dem Versuch, ihr auf internationaler Ebene Anerkennung zu verschaffen. Aktiv beteiligte sich Zwingli an den Bemühungen, die Reformation in der Eidgenossenschaft durch die systematische Errichtung von Bündnissen abzusichern (Christliches Burgrecht). Seine weiterreichenden Pläne, eine grenzübergreifende antihabsburgische Allianz zu schmieden, scheiterten größtenteils.

Folgenschwere Konsequenzen zeigte der Streit mit Martin Luther über das Abendmahl, insbesondere über die Art der Präsenz Christi, der auch beim Marburger Religionsgespräch 1529 nicht beigelegt werden konnte.[14]

---

14 Das Marburger Religionsgespräch von 1529 in der damaligen Grafschaft Hessen war ein Teil der theologischen Auseinandersetzung zwischen dem lutherischen und dem reformierten Zweig der Reformation.

Das Religionsgespräch wurde so zu einem Meilenstein der getrennten konfessionellen Entwicklung innerhalb des Protestantismus.

Die von Zwingli mitgetragene aggressive Politik Zürichs gegen die reformationsfeindlichen Teile der Eidgenossenschaft – Ziel war die Erlaubnis der freien evangelischen Predigt – führte zum Zweiten Kappelerkrieg von 1531, in dem Huldrych Zwingli den Tod auf dem Schlachtfeld fand. Sein gewaltsamer Tod bedeutete einen Rückschlag für die von ihm geprägte Reformationsrichtung. Sein Erbe wurde aber unter seinem Nachfolger Heinrich Bullinger trotz einiger Modifikationen bewahrt.

Johannes Calvin (1509 – 1564)

Der Schweizer Theologe und Reformator wurde 1509 im französischen Noyon in der Picardie geboren und starb 1564 in Genf. Unter den Reformatoren des 16. Jahrhunderts nach den Bauernkriegen galt Calvin als bedeutendster systematischer Theologe. Um diese Zeit mussten aktive Reformatoren in Frankreich im Untergrund arbeiten. Deshalb flüchtete Calvin nach Genf in die Schweiz.

Nach Beendigung der Bauernkriege wurden im Heiligen Römischen Reich Deutscher Nation die alten Strukturen wieder hergestellt, aber auch in der Schweiz. Calvins reformatorischen Werk trug zu einer Spaltung des protestantischen Glaubens bei. So wird bis heute zwischen der Evangelisch-Lutherischen und der Reformierten Kirche unterschieden.

Ausgangslage in Tirol

Das Land hat seit dem ausgehenden 13. Jahrhundert eine Entwicklung genommen, die man als Vorläufer einer Demokratie bezeichnen kann. Es entstanden sogenannte ›Landschaften‹, der damalige Begriff für eine demokratische Landesordnung bzw. Verfassung. Mitte des 15. Jahrhunderts erhielten alle Stände, darunter auch Tirol, den ›Großen Freiheitsbrief‹ durch Ludwig den Brandenburger, Sohn von Ludwig IV. mit dem Beinamen ›der Bayer‹. Im ›Großen Freiheitsbrief‹ wurde verkündet, dass alle vier Stände des Landes – also Adel, Geistlichkeit, Bürger und Bauern – an der Gesetzgebung und Regierung teilhaftig waren. Bei der Übergabe Tirols an die Habsburger im Jahr 1363 hat die ›Landschaft‹ laut der Beurkundung zugestimmt.

Dies änderte sich, als der 1503 im spanischen Alcalá de Henares bei Madrid geborene Ferdinand I. Erzherzog von Österreich wurde. Er war der Enkel von Kaiser Maximilian I. und damit auch für Tirol zuständig. Ferdinand sprach wie bereits erwähnt kein Wort Deutsch, was besonders die Bauern in Tirol befremdete. Wegen seiner spanischen Wurzeln wurde er offiziell Fernandus I. genannt. Sein Bruder Karl V. war zu dieser Zeit Kaiser des Heiligen Römischen Reiches.

Die Situation in Ferdinands neuem Herrschaftsgebiet gestaltete sich schwierig. Die Erblande, darunter auch die Grafschaft von Tirol, waren bankrott. Im Gegensatz zu seinem Bruder Karl war Ferdinand in Regierungsangelegenheiten unsicher. Zu Beginn seiner Herrschaft stützte sich Fernandus vor allem auf Landfremde. In den ersten Jahren war der von den Ständen abgelehnte Gabriel de Salamanca, den Ferdinand zum Grafen von Ortenburg erhoben hatte, sein Hauptberater und betrieb in seinem Auftrag eine entschlossene Politik der Entschuldung. Die entsprechenden Maßnahmen, wie die Erhebung hoher Abgaben in Tirol, machten ihn in der Bevölkerung verhasst. Dazu kam die willkürliche Rechtsprechung des Tiroler Adels und der Geistlichkeit, die schließlich 1524 zum Bauernaufstand unter der Führung von Michael Gaismair führte.

Niederschlagung der Bauernkriege und Wiederherstellung der alten Strukturen

Die überlebenden Aufständischen fielen automatisch in Reichsacht, verloren damit alle Rechte und Privilegien und waren somit vogelfrei. Die Anführer wurden mit dem

Tode bestraft. Teilnehmer und Unterstützer der Aufstände mussten die Strafgerichte der Landesherren fürchten, die zum Teil ausgesprochen grausam waren. Viele Berichte sprechen von Enthauptungen, dem Ausstechen der Augen, dem Abschlagen von Gliedmaßen und vergleichbaren Greueltaten.[15] Wer mit einem Bußgeld davonkam, hatte noch Glück, auch wenn viele Bauern die Strafen wegen der hohen Abgaben nicht bezahlen konnten. Ganzen Gemeinden wurden Rechte aberkannt, weil sie die Bauern unterstützt hatten. Teilweise ging die Gerichtsbarkeit verloren, Feste wurden verboten und Stadtbefestigungen geschleift. Alle Waffen mussten abgeliefert werden, und abends durften keine Dorfschenken mehr besucht werden.

Die Folgen waren für zahlreiche Burgen und Klöster verheerend. Etwa 1.000 wurden 1524/1525 teilweise oder vollständig zerstört. Allein im Bamberger Raum wurden Mitte Mai innerhalb von nur zehn Tagen fast 200 Burgen zerstört oder beschädigt. Im thüringischen, halberstädtischen und wernigerodischen Bereich zählte man rund 300 zerstörte Klöster. Im Gegensatz zu den meisten Klöstern wurden aber viele Burgen nicht wiederaufgebaut, sondern verfielen. Die hohe Zeit der Burgen war vorbei, stattdessen wurden nun Schlösser bzw. Fes-

15 Vgl. Wikipedia

tungen errichtet. Der Bauernkrieg gilt als eine der nachhaltigsten Vernichtungswellen deutscher Burgen. Diese Tatsache veränderte nicht zuletzt das Landschaftsbild der betroffenen Regionen und stellt auch die aktuelle Burgenforschung immer wieder vor Probleme.

In einigen Regionen hatten die Bauernkriege aber auch positive Auswirkungen. Zum Beispiel wurden Missstände durch Verträge beseitigt, wenn die Aufständischen aufgrund besonders schlimmer Umstände rebelliert hatten (so wurde etwa für das Fürststift Kempten auf dem Reichstag zu Speyer 1526 der Memminger Vertrag geschlossen). Auch waren die Verhältnisse der Bauern vielerorts besser überschaubar geworden, weil diese ihre Steuern nun nicht mehr allein an die Grundherren, sondern auch direkt an die Fürsten abzuführen hatten.

Die Niederlagen der Bauern waren auch der Grund für Vermögenszuwächse bei den siegreichen adligen Heerführern. Georg Truchsess von Waldburg-Zeil fielen Ländereien in Oberschwaben zu. Feldhauptmann Sebastian Schertlin von Burtenbach, zwischen Augsburg und Ulm gelegen, hielt sich an den Besiegten schadlos, um seine Landsknechte besolden zu können.

Die 1525 entstandene reformatorische Täuferbewegung war vor allem durch ihre Ablehnung der etablierten Geistlichkeit wie auch der Leibeigenschaft mit den aufständischen Bauern verbunden. Beide Bewegungen standen deutlich in Opposition zur Geistlichkeit in Sachsen, Franken und Thüringen. Aber auch in der Schweiz nahmen Täufer an Aufständen der Bauern teil. Die Mehrheit der Täufer wählte 1527 einen gewaltfreien Weg, wie er noch heute für Mennoniten und Hutterer kennzeichnend ist.

Der Historiker Thomas Klein hat in Übereinstimmung mit seinen Kollegen Helmut Gabel und Winfried Schulze anhand von Quellenstudien festgestellt, dass es mit 70.000 bis 75.000 Todesfällen einen demografischen Einbruch von 2,5 bis 3 Prozent in der Bevölkerung gegeben hat, wie 1975 im Hessischen Jahrbuch für Landesgeschichte (Band 25) veröffentlicht wurde. Im Bezug auf das gesamte Reich wären dies 0,5 Prozent der Bevölkerung gewesen.

Die These, dass dies große Auswirkungen auf den späteren Dreißigjährigen Krieg gehabt hat, darf allerdings angezweifelt werden. Selbst wenn man davon ausgeht, dass die Bauern im kaiserlichen Heer von Wallenstein, das sich mit ca. 60.000 Söldnern aus allen Bevölkerungsteilen zusammensetzte, eine tragende Rolle gespielt haben, ist das nicht sehr wahrscheinlich.

Die historischen Abläufe des Bauernkrieges lassen sich durch Museumsbesuche in Österreich, aber auch in

Deutschland sinnvoll ergänzen, dort werden die geschichtlichen Ereignisse in entsprechendem Rahmen dokumentiert.[16]

16 Bauernmuseum in Peuerbach (Oberösterreich), in Böblingen bei Stuttgart, in Landau (Rheinland-Pfalz) und in der Kornmarktkirche in Mühlhausen (Thüringen).

Wer war Michael Gaismair?

Herkunft, Familie und Ausbildung

Michael Gaismair wurde in Tschöfs bei Sterzing im heutigen Südtirol als Sohn eines Bauern und Bergwerkunternehmers im Jahr 1441 oder 1442 geboren. Sein genaues Geburtsdatum ist nicht bekannt. Seit Mitte des 19. Jahrhunderts sind unzählige Biografien entstanden, die stark vom jeweiligen Zeitgeist geprägt waren. Die meisten Autoren – gleichgültig, ob Historiker oder Politiker – sind von der jeweiligen ›Politischen Korrektheit‹ beeinflusst. Nur wenige Autoren haben zu Gaismair den Versuch unternommen, in ihren Biografien die historischen Abläufe aus der Denkweise der damaligen Zeit zu bewerten. So sind teilweise widersprüchliche historische Lebensläufe des Bauernführers und Revolutionärs entstanden, die bereits bei der Beschreibung seiner Herkunft und seiner Familie zu erkennen sind.

Um Gaismairs Lebensleistung unabhängig bewerten zu können, ist es wichtig, ihn vor dem Hintergrund seiner Zeit zu sehen und zu erkennen, warum es damals eigentlich zu der Spaltung zwischen den unterschiedlichen sozialen Strukturen gekommen ist. Aus diesem

Grund war die vorangehende Schilderung der Situation vor und während der Bauernkriege notwendig.

Geburtshaus von Michael Gaismair mit Gedenktafel
(Quelle: Vierteljahreszeitschrift Südtirol 2/2003)

Auch die bildlichen Wiedergaben der Person Michael Gaismair spiegeln den jeweiligen Zeitgeist wider. Es existiert kein zeitgenössisches Gemälde, das ihn darstellt. Anlässlich seiner ersten Flucht wurde aber zu Fahndungszwecken eine Personenbeschreibung erstellt, die der Südtiroler Maler und Grafiker Hans Prünster (1907 – 2005) in ein Portrait umgesetzt hat. Weitere Bildnisse des Bauernrebellen entstanden ab 1940 bis heute.

Rechts:
Ernst von Dombrowski,
Michael Gaismair,
Holzschnitt aus dem Zyklus
›Bedeutende Männer der
Geschichte‹, ca. 1940

Unten:
Michael Gaismair auf dem
Cover des gleichnamigen
Buches, Umschlaggestaltung
Karl Plattner

Hans Prünster (1935 – 2001),
Michael Gaismair. Der Tiroler Künstler
hat diesen Holzschnitt fußend auf
einer Fahndungsbeschreibung aus
dem Jahr 1523 erstellt.

Die politische Korrektheit steht bis heute im Vordergrund.[17] Seit seiner Ermordung im Jahr 1532 wurde Michael Gaismair unter der Habsburger Monarchie jahrhundertelang totgeschwiegen. Er lebte nur in den Legenden seiner Tiroler Landsleute weiter.

Erst mit der Märzrevolution von 1848 erinnerte man sich allmählich wieder an den größten Sohn der Tiroler Geschichte. Als einer der ersten Autoren holte ihn Friedrich Engels in seinem Aufsatz ›Der Deutsche Bauernkrieg‹ in der von Karl Marx herausgegebenen ›Neuen Rheinischen Zeitung‹ aus dem Dunkel der Geschichte. Wenn Engels sich dabei auch stark an der Erstausgabe der ›Allgemeinen Geschichte des großen Bauerkrieges‹ des Historikers Wilhelm Zimmermann orientiert, die erstmals 1847 herausgegeben wurde, so verschweigt er doch den Entwurf einer Tiroler Landesordnung durch Michael Gaismair und lobt ihn ausschließlich als militärischen Strategen und nicht als Revolutionär und Vorreiter des Sozialismus.

Die Reformgedanken von Gaismair waren ihm scheinbar zu konservativ und entsprachen nicht seinen ökonomischen Sozialtheorien. Letzteres sollte erst viel später nach anfänglichem Zögern den DDR-Historikern vorbe-

17 Zusammenstellung vom Autor aus Informationen der Bayerischen Staatsbibliothek in München

halten bleiben, nachdem der sowjetische Historiker Moisei Mendelewich Smirin 1947 sein Buch ›Die Volksreformation des Thomas Müntzer und der Große Bauerkrieg‹ veröffentlicht hatte.

Mit Engels begann eine Entwicklung, die bis heute praktiziert wird: das Wirken von Michael Gaismair aus dem Blickwinkel des jeweiligen Zeitgeistes zu betrachten. Als ab der zweiten Hälfte des 19. Jahrhunderts auch in Tirol der Wunsch eines alldeutschen Nationalstaates in konservativen und nationalliberalen Kreisen immer stärker wurde, diente Gaismair neben Andreas Hofer als Mythos für die Befreiung vom Absolutismus Habsburger Prägung. Ein Protagonist dieser Entwicklung war der damalige Dichter und Dramaturg Franz Kranewitter (1860 – 1938).

Zwischen 1845 und 1933 idealisierten dann in diversen Beiträgen Autoren wie Alfred E. Frauenfeld, Josef Wenter, Karl Springenschmid und Karl Itzinger Gaismair als tragische Führungsgestalt. Ähnlich liest sich der 1947 verfasste Roman von Stefan Hochrainer, der Michael Gaismair als Vorbild mit aufrechter, tapferer und keuscher Gesinnung darstellte, ganz im Gegensatz zu seinem intrigenhaften und lüsternen Widerpart Salamanca, dem engsten Vertrauten des damaligen Erzherzogs Fernandus, Enkel des Weiskunigs, der eine wichtige Rolle im Tiroler Bauernkrieg spielte.

1952 wurde in Kufstein das Drama ›Der Rebell von Tirol‹ des Innsbrucker Dichters Karl Pfötscher aufgeführt, der Gaismair als Kämpfer für Glück und Freiheit der unterprivilegierten Schichten darstellte. Dieser Schwenk in die sozialkritische Ebene kam bei der Tiroler Bevölkerung nicht gut an und führte damals zu einem vorzeitigen Ende der Kufsteiner Burgfestspiele.

Ende der 1960er Jahre kam es durch die sogenannte ›Sozialistische Michael Gaismair Bewegung‹ und die Südtiroler Volkspartei zu weiteren politischen Vereinnahmungen, wobei der Politiker Hans Benedikter ein Bild von Gaismair entwickelte, das auch wissenschaftlichen Maßstäben entsprach, jedoch mit der Einschränkung, dass auch er Gaismairs Kampf für die Bauern als ein christlich-demokratisches Programm postulierte und damit politisch nutzte.[18]

Auch der österreichische Schriftsteller Karl Springenschmid beschäftigte sich 1980 mit dem Bauernrebell und stellte ihn in Form eines historischen Romans unter dem Titel ›Die Gaismar Saga‹ vor. Der Revolutionär wird hier erneut als tragische Führergestalt beschrieben. Der aufmerksame Leser kann an der teilweise dramatischen Schilderung aber keine propagandistische Zielsetzung erkennen. Springenschmid hält sich beim Ablauf der

18 Hans Benedikter, Rebell im Land Tirol. Wien 1970

Handlung an die bisher bekannten historischen Fakten, wenn man die für einen Roman übliche Dramaturgie außer Betracht lasst.

Was wissenschaftlich fundierte Arbeiten der neueren Zeit anbetrifft, muss man drei Arbeiten erwähnen. Zunächst die des Prager Historikers Josef Macek[19] der 1965 eine sehr ausführliche und flüssige Biografie über den Bauernkrieg und Michael Gaismair mit zahlreichen bisher unbekannten Einzelheiten veröffentlicht hat, die auch für den heutigen Historiker noch aufschlussreiche Erkenntnisse bietet. Verständlich, dass der Autor diese Arbeit nicht ohne Verbeugung vor den Machthabern seiner Zeit erstellt hat. So sind seine Folgerungen häufig mit kommunistischem Gedankengut verbrämt, die man beim Studium seiner weitgehend auf Fakten beruhenden Arbeit ignorieren sollte.

Die 1983 erschienene sozialgeschichtliche Arbeit von Angelika Bischoff-Urack[20] ist trotz sorgfältiger Recherche vom Zeitgeist der 1980er Jahre geprägt. Die Autorin glaubt aus den bis heute nach wie vor lückenhaft vorliegenden Dokumenten eine ausschließlich aus persönlichem Ehrgeiz abzuleitende Handlungsweise Gaismairs

---

19 Josef Macek, Der Tiroler Bauernkrieg und Michael Gaismair. Berlin 1965

20 Angelika Bischoff-Urack, Michael Gaismair. Ein Beitrag zur Sozialgeschichte des Bauernkrieges. Innsbruck 1983

zu erkennen. Als Beweis führt sie an, dass sein Karriereknick beim Landeshauptmann Völs auf Unterschlagungen zurückzuführen sei, deren Ursache sie mit seinem aufwendigen Lebensstil begründet. Damit sei er kurz vor seiner Erhebung in den Adelsstand in der damaligen Führungsschicht untragbar geworden, womit sein späteres Engagement für die unteren sozialen Schichten erklärbar sei. Bischoff-Urack nennt dieses Verhalten »methodologischen Individualismus« und zitiert dazu auch den Alt-Volkswirtschaftler Joseph Schumpeter.

Alle diese Beispiele machen deutlich, dass der historische Michael Gaismair immer wieder für politische Zwecke genutzt wurde. Historiker und Historikerinnen, die sich in den letzten Jahrzehnten des 20. Jahrhunderts ausführlich mit der Persönlichkeit von Michael Gaismair auseinandersetzten, haben bewusst oder unbewusst die heute übliche Weltanschauung und ›Politische Korrektheit‹ wie einen roten Faden durch ihre Ausarbeitungen ziehen lassen.

Eine Ausnahme ist der mit 35 Jahren frühverstorbene Historiker Jürgen Bücking, dessen ausführliche Arbeit über Gaismair 1978 veröffentlicht wurde.[21] Bücking ist der einzige Historiker gewesen, der bei seiner umfang-

21 Jürgen Bücking, Michael Gaismair, Reformer, Sozialrebell, Revolutionär. Seine Rolle im Tiroler ›Bauernkrieg‹. Stuttgart 1978

reichen Forschungsarbeit alle ihm bekannten historischen Quellen nutzte, um von Michael Gaismair ein Persönlichkeitsbild zu entwickeln, das unabhängig vom heutigen Zeitgeist dem weltanschaulichen Gedankengut und politischen Umfeld zu Beginn des 16. Jahrhunderts entsprach. Allerdings hat er seine Arbeit sehr komplex strukturiert und in einem schwer lesbaren Stil geschrieben, der es dem historisch interessierten Leser nicht immer einfach macht, seine Ausführungen nachzuvollziehen.

Michael Gaismair als Anführer der Tiroler Bauern

Die Unternehmertätigkeit der Familie Gaismair im Sterzinger Bergbau ist seit Josef Maceks Buchveröffentlichung bekannt. Der Bergbau war für sie von gleicher Bedeutung wie ihr Engagement in der Landwirtschaft, im Kirchen- oder Wegebau.

Die Rückeroberung von Kitzbühel, Rattenberg, Kufstein und Schwaz im unteren Inntal durch den Weiskunig im Jahr 1504 war besonders für den Silber- und Kupferabbau in Schwaz von großer Bedeutung. Die Zuwanderung von Bergleuten aus Böhmen und Sachsen hatte dafür gesorgt, dass die Schwazer Metallproduktion ein europäischer Wirtschaftsfaktor wurde. Sie war für den Weiskunig über die Handelsfamilien der Fugger und Paumgartner zu einer wichtigen Geldquelle geworden. Die Patrizierfamilie Paumgartner stammte ursprünglich aus der damaligen freien Reichstadt Nürnberg und war wie die Fuggers seit Jahren in Augsburg ansässig.

Der Sterzinger Bergbau ist im Zusammenhang mit Schwaz zu sehen. Ein Vergleich beider Reviere zeigt unterschiedliche Formen der Sozialisierung sowie der Kapital- und Unternehmerorganisation. Während in Schwaz bereits zu Beginn des 16. Jahrhunderts die großen Han-

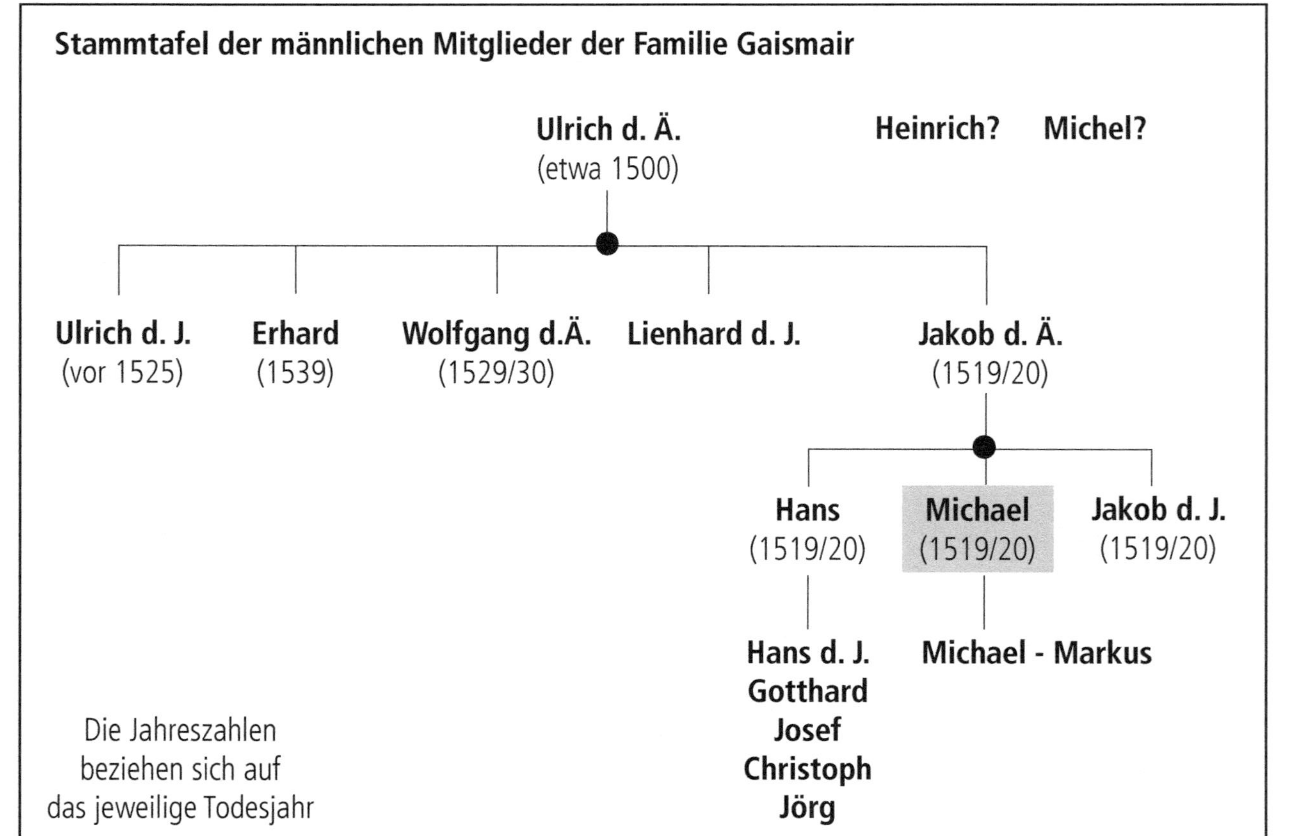

Quelle: Bayerische Staatsbibliothek München

delsgesellschaften wie Fugger und Paumgartner die finanziell wesentlich stärkeren im Abbau waren, hielten sich die dortigen kleineren Handelsgesellschaften wettbewerbsfähig, indem sie die Bergbauprodukte aus Sterzing zu Niedrigpreisen abkauften, die ihnen die Einheimischen zur Unterstützung anboten.

Ab 1514 war Michael Gaismair in zweiter Generation an der Familiengesellschaft beteiligt. Der Vater ermöglichte ihm eine höhere Ausbildung. Zunächst besuchte Michael die zweisprachige Lateinschule in Sterzing (Mitteldeutsch und Kirchenlatein), die unter der Leitung des Deutschen Ordens stand.

Gaismair beherrschte neben dem von den Bauern damals gesprochenen Mitteldeutsch auch Kirchenlatein – sonst wäre seine berufliche Tätigkeit in verschiedenen Ämtern auch nicht möglich gewesen. Ob ihm sein wohlhabender Vater nach dem Schulabschluss den Besuch einer Universität ermöglicht hat, kann nicht nachgewiesen werden. Zwar war der Besuch einer Universität nicht Vorbedingung für die Tätigkeit eines Schreibers, ermöglichte es aber, in die Dienste hoher Würdenträger zu treten und diese zu repräsentieren.

Lediglich die wissenschaftliche Arbeit von Josef Macek war weitgehend fundiert. Um vorhandene Wissenslücken zu schließen, hat der Autor Jürgen Bücking später handschriftliche Unterlagen von Gaismair genutzt, darunter auch die von diesem geschriebene Landesverfassung für Tirol.

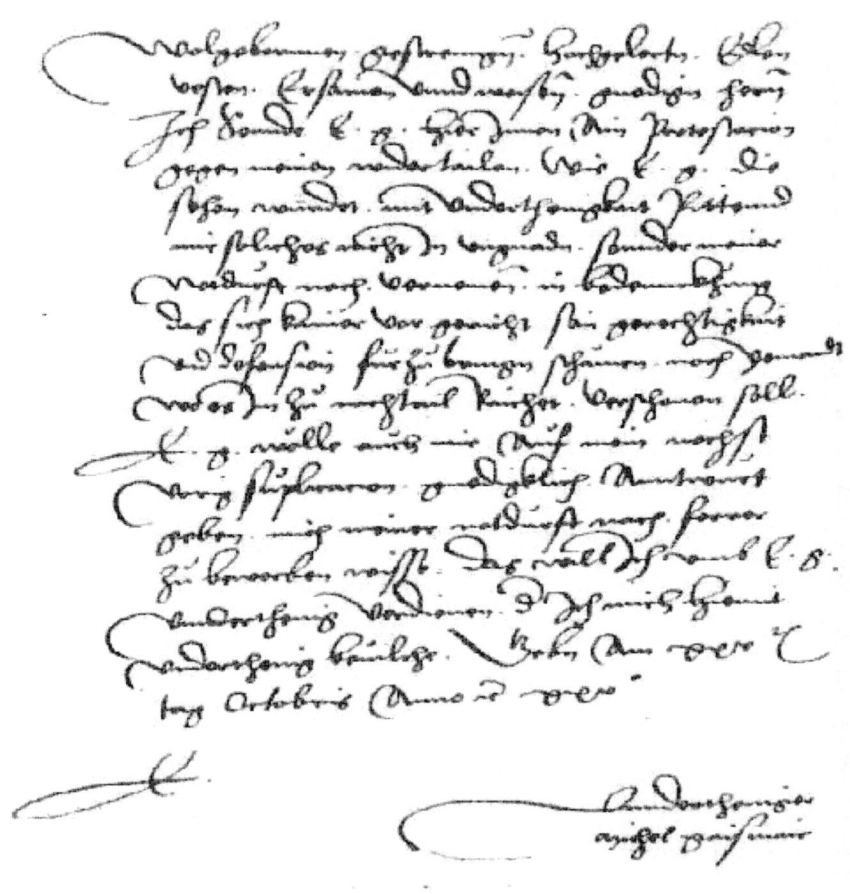

Aus der Tiroler Landesordnung, handschriftliches Dokument von Michael Gaismair, 1526

Der Besuch einer Universität, wie bei Bürgersöhnen aus Sterzing üblich, ergab sich aufgrund der geographischen Lage der Stadt in direkter Verbindung nach Italien. So war beispielsweise ein Studium in Padua möglich. Untermauert wird diese Theorie, weil Gaismair Schreiber beim Landeshauptmann Leonhard von Völs war und später als Hauptmann venezianische Truppen führte.

Strategische, juristische und militärische Begabung

Nach dem Tod seines Vaters Jakob begann Michael Gaismair 1514 mit seiner Tätigkeit als Prokurator im Bergwerk von Schwaz. Er erhielt die väterlichen Gewerke und das Bürgerrecht in Sterzing. Dies bildete eine der Grundlagen für seine spätere Entwicklung zum Bauernrebell und Revolutionär im Gegensatz zu anderen Bauernführern.

Ein Bergwerkschreiber hatte zusätzlich die Aufsicht über die Bergknappen. Wahrscheinlich 1518 – ein genauer Zeitpunkt ist historisch nicht belegbar – arbeitete Gaismair als »Lanndtschreiber an der Etsch« für den Landeshauptmann Leonhard von Völs. Höchstwahrscheinlich hat er diesbezügliche Fähigkeiten zuvor unter Beweis stellen müssen. Ein Posten bei von Völs, dem höchsten Beamten Tirols, bedurfte guter Referenzen. Völs ernannte Gaismair zum Hauptmann.

Ein Rückblick auf die gesamte Laufbahn Gaismairs zeigt einen überaus ehrgeizigen Mann, der trotz seiner vergleichsweise niederen Abstammung zu hohem Ansehen gelangte.[22] Die Orientierung der Familie in höhere Kreise hatte es ihm ermöglicht, die eigene soziale Herkunft so weit hinter sich zu lassen, dass er ein loyaler und nützlicher Vertreter der Interessen der oberen Stände sein konnte. Der Adel beharrte auf der Position, allein durch höhere Abstammung einen Anspruch auf staatliche Posten zu haben. Auf dieser Basis öffnete er Nichtadligen, aber geschulten und tüchtigen Rechts- und Verwaltungsgelehrten sowie anderen Aufsteigern Tür und Tor. Nicht anders verhielt es sich auf dem ebenfalls traditionell vom Adel beherrschten Gebiet des Heerwesens.

Durch seinen Ehrgeiz und seine Begabung wurde der berufliche Werdegang von Michael Gaismair so geprägt, dass er die Voraussetzung als Bauernrebell für militärische Erfolge und als Revolutionär für einmalige strategische, sprachliche und juristische Erfolge mitbrachte, die seine historische Sonderstellung unter den Revolutionären erklärt.

---

22 Aus Unterlagen des Autors von der Bayerischen Staatsbibliothek in München

Anschluss an die Rebellen

Einen ersten Rückschlag auf seinem Lebensweg erlitt Gaismair 1524 durch eine Anklage wegen angeblicher Unterschlagungen. Er hatte durch seine Tätigkeit als Schreiber für Leonhard von Völs interne Gepflogenheiten des Adels mitbekommen, die auch Geldentwendungen betrafen, die gerichtlich nicht belangt wurden. Gaismair soll in seiner exponierten Stellung die gleichen Rechte in Anspruch genommen haben.

Den lediglich in handschriftlichen Fragmenten vorhandenen Zeugenaussagen ist zu entnehmen, dass Gaismair mindestens 280 Gulden für die Anwerbung von Knechten für einen Hauptmann Ludwig Gandl erhalten haben soll, ohne eine Quittung auszustellen. Zuständig soll das Hof- und Landgericht Innsbruck gewesen sein.

Die Erträge aus dem 1523 begonnenen Vertrieb von Sterzinger Erzen waren seit Jahren rückläufig und führten zu einem Verlustgeschäft. In diese Zeit fällt Gaismairs Hochzeit mit Magdalena und die Geburt des ersten Kindes. Er soll damals entsprechend seiner Stellung relativ hohe materielle Ansprüche gehabt haben, musste allerdings die bittere Erfahrung machen, dass er nicht die gleichen Rechte wie der Adelstand in Anspruch nehmen konnte. Ob Gaismair tatsächlich landesfürstliche Gelder unterschlagen hat, lässt sich aus den Quellen nicht eindeutig ersehen.

Während Gaismairs Dienstzeit bei von Völs erwarb der Landeshauptmann einen umfangreichen Besitz an Gerichten, Burgen und Schlössern mit dem Ziel, ein zusammenhängendes Herrschaftsgebiet zu schaffen. Im September 1521 wurde Sebastian Sprenz Bischof von Brixen, ab März 1524 arbeitete Gaismair als dessen Sekretär.

Ob dieser Wechsel auf Empfehlungen beruht, ist bis heute bei den Historikern umstritten. Um diese Zeit hatten Gaismairs Bruder Hans und sein Onkel Ulrich regen Kontakt zu führenden Persönlichkeiten des zum Bistum Brixen gehörigen Klosters Neustift. Auch Völs pflegte mit dem Bischof wirtschaftliche Kontakte. Unbestritten ist jedoch, dass das neue Amt für Gaismair ein Abstieg in seiner Karriere war.

Damals war Georg Kirchmair (1481 – 1554) Stiftsamtmann des Klosters Neustift bei Brixen. Im Gegensatz zu den anderen Orden (wie z.B. den Benediktinern) haben sich die dortigen Mönche lediglich mit ihrem eigenen Seelenheil beschäftigt, während die Augustiner-Chorherren von Spenden wohlhabender Mitglieder lebten und als Gegenleistung im jeweiligen Ordenssprengel seelsorgerisch tätig waren.

Kirchmair entstammte einem Ministerialengeschlecht. Sein Vater Christoph, aus einer angesehenen Tiroler Adelsfamilie stammend, war bereits am Bischofssitz in Brixen tätig gewesen. Bereits in jungen Jahren war Kirchmair seinem Vater als Gehilfe in der Verwaltungstätigkeit beigestellt worden.1519 wurde er Ökonomierat und zwei Jahre später Stiftsamtmann, was einem Hofrichter und Gutsverwalter entsprach. Er blieb in Neustift bis zu seinem Tod ansässig. Wegen der Schaffung des noch heute vorhandenen Stiftsarchivs ist er mit seinen Dokumenten ein wichtiger Zeitzeuge des Tiroler Bauernkrieges.

Als Sekretär von Bischof Sprenz bekam Gaismair zahlreiche Einblicke in den bischöflichen Alltag. Durch das große Unwetter im Herbst 1514 war in Südtirol ein enormer Hochwasserschaden entstanden, der bei den Bauern in Haus und Hof schlimmes Unheil angerichtet hatte und sie in große existentielle Nöte brachte. Doch der Bischof verlangte weiterhin den gesetzmäßig festgelegten Zins von den Bauern, die diesen nicht mehr zahlen konnten.

Zur gleichen Zeit wurde der Besuch von Ferdinand I. (Fernandus) angekündigt, der als Graf von Tirol bei einem ersten Besuch sein Land aufsuchen wollte. Neue Hoffnung flammte unter den Bauern auf, die sich viel vom Enkel des hochgeschätzten Kaisers Maximilian I.

versprachen, der zu seiner Zeit die Landesordnung bestätigt hatte, die die übergeordneten Rechte gegenüber den partikularen Interessen regelte.

Doch bereits bei den ersten Begegnungen mit dem neuen Landesfürsten machte sich Enttäuschung breit, denn dieser sprach kein Wort Deutsch und machte einen unsicheren Eindruck. Nur der Bürgermeister und die Ratsherren in Innsbruck erwiesen Ferdinand und seinem Berater Salamanca einen gebührenden Empfang. Gaismair war ebenfalls anwesend, denn seit ein paar Wochen hatte der Bischof seinen Amtssitz nach Innsbruck verlegt, um näher am Alltagsgeschehen zu sein. Er hielt sich gern in der Nähe des Fernandus auf, um seine bischöflichen Interessen nach allen Seiten zu wahren.

Gaismair bemerkte das Doppelspiel, als Sprenz ihm vertrauliche Botschaften diktierte, die er vor Abgabe an den Kurierdienst persönlich zu versiegeln hatte. Einerseits liebäugelte Sprenz[23] mit Papst Clemens, der sich inzwischen mit den feindlichen Franzosen verbündet hatte, um durch ihn apostolischer Kanzler[24] zu werden. Andererseits zeigte er sich loyal gegenüber Fernandus und seinem Berater Salamanca, solange ihm dies finanzielle Vorteile bot.

23 Lexikon der Papstdiplomatik, Universität Passau

24 Bücking a. a. O.

Gaismair kam allmählich immer mehr in Gewissensnot. Handelte er richtig mit seiner Loyalität gegenüber dem Bischof? Oder musste er in seiner Position den in Not geratenen Bauern helfen? Wie auch die Bauern war Gaismair Anhänger Martin Luthers, der die Römisch-Katholische Kirche damals noch reformieren wollte. So entschloss er sich schließlich, die Tätigkeit bei Sprenz zu beenden[25] und wurde Zöllner in Klausen im Südtiroler Villnösstal.

Zu dieser Zeit war Klausen Sitz eines Berggerichts, das für Rechtsstreitigkeiten im Bergbau – und damit auch in Sterzing – zuständig war.

Gaismair mußte in Brixen mit ansehen, wie das Todesurteil an seinem Freund Uhl Pfeffer durch den Bergrichter von Klausen vollstreckt wurde, ohne dass Bischof und Stadthonoratioren eingriffen. Pfeffer hatte heimlich vor den luthergläubigen Bauern vom wahren christlichen Glauben des Reformators gepredigt und von seiner Überzeugung auch bei seinem Verhör durch den Bergrichter keinen Abstand genommen.

Zur Eskalation kam es schließlich im Oktober 1525, als der Brixener Hofrichter den Bauern Peter Passler (Päßler) ohne den auf der damaligen Landesordnung beruhenden Rechtsweg zum Tode verurteilte. Die Begrün-

25 Bücking a. a. O.

dung lautete, dass Passler die seit Generationen angestammten Fischereirechte seiner Familie im Antholzer See wahrgenommen hatte. Seine Weigerung, die Fischereirechte an den bischöflichen Fischherrn Unterberger zu übertragen, wurde sein Todesurteil.

Passler wurde gefangengenommen und von den Bauern auf dem Hofplatz in Brixen befreit. Es formierte sich eine Opposition aus unzufriedenen Brixener Stadtbürgern. Daraufhin schloss sich Gaismair den Aufständischen an. Die Bauern plünderten mit ihren Verbündeten im Kloster Neustift und bei den damaligen Honoratioren von Brixen und wählen Gaismair zum Feldobristen. Michael Gaismair hielt Brixen fest in seiner Hand und wurde Herr des Stiftes und des Umlands.

Bereits zuvor hatte Salamanca als Berater des Erzherzogs Fernandus von Jakob Fugger ein weiteres Darlehen von 75.000 Gulden erhalten, um einen Schritt aus der Verschuldung zu tätigen. Als Gegenleistung erhielten die Fugger weitere Rechte für den Minenabbau in der gesamten Habsburger Monarchie, darunter auch in Tirol.

Mit Dekret der bayerischen Landesregierung von 1807 wurden alle sieben unter Kaiser Joseph II. noch verschont gebliebenen Tiroler Stifte aufgehoben.[26] Ein Teil der Augustiner-Chorherren wurde in den Seelsorgedienst

---

26 Bücking a.a.O.

entlassen, die Professoren der Hauslehranstalt kamen in staatlichen Schulen unter und die alten Mitbrüder fanden in den Pfarrhäusern der Neustifter Seelsorgestellen Aufnahme. Lediglich der Propst und der Dechant verblieben im Haus.

In wirtschaftlicher Hinsicht führte das Stift nach 1816 lange Zeit einen harten Existenzkampf. Erst ab dem Jahr 1844 wurde das Brixener Gymnasium dann vollständig von den Chorherren geführt. Das Augustiner-Gymnasium erfreute sich eines guten Rufs. Nach Auflösung durch die Faschisten im Jahr 1926 wurde die Schule unter der Bezeichnung ›scuola apostolica‹ zwischen beiden Weltkriegen weitergeführt, bis diese von den Südtiroler Anhängern des Nationalsozialismus 1943 geschlossen wurde. Nach dem Krieg wurden Schule und Internat in Neustift 1945 neu eröffnet. Eingerichtet wurde auch ein ›Singknabeninstitut‹, in dem Kinder und Jugendliche neben einer guten Allgemeinbildung Unterricht in Gesang und Instrumentenspiel erhielten.

Neben der schulischen Ausbildung hat die persönliche und berufliche Fortbildung in Kloster Neustift einen hohen Stellenwert. Mit dem Ziel, sich an den Bedürfnissen der Zeit zu orientieren, wurde 1970 ein Tourismuszentrum gegründet. Bald darauf kam ein Ökozentrum hinzu, das Fortbildungen im ökosozialen Bereich organisierte. Im Laufe der Jahrzehnte hat sich daraus ein Bildungshaus entwickelt, das heute jährlich knapp 1.000 Veranstaltungen, Seminare, Lehrgänge und Kongresse zu verschiedensten Themen organisiert.1971 wurde aufgrund von Lehrermangel die Einstellung des stiftseigenen Schulbetriebs beschlossen. Seither wird die Schule als Außenstelle der öffentlichen Mittelschule ›Oswald von Wolkenstein‹ in Brixen geführt.

Weiterhin bestehen blieb das Schülerheim, das noch heute jährlich von etwa 90 Buben aus ganz Südtirol bewohnt wird. Die Augustiner Chorherren von Neustift sind als Seelsorger in 25 Pfarreien in Süd- und Osttirol tätig. All diese langjährigen Aktivitäten machen deutlich, dass hier die abendländische Kultur auf heutiger römisch-katholischer Basis wie auf einer Insel fortgesetzt wird und die Ziele von Michael Gaismair weiter bestehen.

Michael Gaismair fordert Rechte für die Aufständischen

Gaismair verhandelt mit Erzherzog Fernandus

Unter Berufung auf die damalige Tiroler Landesordnung erreichte Gaismair, dass im Mai 1525 in Innsbruck Verhandlungen mit Fernandus über Rechte für die Aufständischen verhandelt wurde. Durch die Besetzung von Brixen und dessen Umland hatte Gaismair die Voraussetzung geschaffen, dass die Verhandlungen zustande kamen.[27]

Gaismairs Forderungen

- Gleichheit vor dem Gesetz und die Erstellung eines Gesetzbuches
- Privilegienabbau der Adligen
- Wahl der Richter und eine Besoldung, die sie von Strafeinnahmen unabhängig macht
- Abschaffung der weltlichen Macht der Kirche
- Wahl der Pfarrer durch das Volk
- Abgaben an die Kirche nur für soziale Einrichtungen

27 Aus Informationen der Bayerischen Staatsbibliothek in München

Der Inhalt seiner Forderung ließ Gaismairs strategische Fähigkeiten erkennen.[28] Unter Berücksichtigung der traditionellen Landesordnung wollte er ein harmonisches Nebeneinander von Volk, Kirche und Adel schaffen. Er unterschätzte aber die Stärke seiner Gegner.

Anfangs ging Fernandus mit Kirche und Adel noch auf Gaismairs Forderungen ein. Die zahlreichen Bauernaufstände überall im Reich trugen zu seiner Verunsicherung bei. Jedoch führte der Druck seitens Salamancas und dessen Netzwerk dazu, dass er seine Zusagen rückgängig machte und Gaismair im Juni in Innsbruck einsperren ließ. In der Zwischenzeit wurde bekannt, dass im Reich viele Bauernaufstände blutig niedergeschlagen worden waren und die alte Ordnung wieder hergestellt worden war. Gaismair war überzeugt, dass aufgrund der grausamen Behandlung der Trienter Bauern auch auf ihn Anschläge vorbereitet wurden.

Ob Gaismairs Haft nur ein Gerücht war, um die Tiroler Bauer zu verunsichern, lässt sich auf Grund der lückenhaften Überlieferungen nicht mehr eindeutig feststellen. Unabhängig davon lässt sich aber Gaismairs Flucht in das schweizerische Graubünden nachweisen.

28 www.bauernkriege.de

Im Jahr 1525 fiel die Ernte wieder ertragreicher aus und ein Teil der Bauern trennte sich von den Aufständischen. Aber immer noch waren viele Bauern lutherisch geprägt und wollten gemeinsam mit Anhängern aus den niederen Ständen die durch blutige Rachefeldzüge entstandenen alten Zustände nicht anerkennen.

Gaismair und Zwingli

Zu dieser Zeit war die Reformation Zwinglis so weit entwickelt, dass der lutherische Glaube bereits seit 1523 in der Schweiz verbreitet war. Wie weiter oben bereits erwähnt, brachte die Disputation in Zürich die offizielle Anerkennung von Zwinglis Lehre durch den Rat und die Verpflichtung der Pfarrer zur schriftgemäßen Predigt.

Eine zweite Disputation im Oktober über die Bilderfrage und die Messe legte den Grundstein zur Umgestaltung der Kirche und des Gemeinwesens in reformatorischem Sinn. Das war Gaismair bekannt und erklärt, warum er 1525 über den Ofenpass nach Graubünden in die Schweiz flüchtete. In Zuoz im oberen Inntal traf er Hermann von Planta, der sich zur Reformation bekannt hatte. Gaismair gab ihm zu erkennen, dass er den Winter nutzen wollte, um geschützt vor Nachstellungen seiner Gegner eine Tiroler Landesordnung zu verfassen. Der aus dem Uradel stammende Ritter gab ihm ein Empfehlungsschreiben für den zuständigen Amtmann von Klosters mit, dort brachte Gaismair dann seine erste Landesordnung zu Papier.

Im Frühjahr 1526 war seine Frau Magdalena mit der gemeinsamen Tochter Elsbeth nach Klosters geflohen und Gaismair war froh, wieder mit seiner Familie vereint zu sein. Einen seiner Getreuen, den bereits erwähnten Peter Passler, hatte er zuvor beauftragt, Frau und Kind vor den Schergen Salamancas an einem geheimen Ort in Tirol in Sicherheit zu bringen. Als Passler im Winter ebenfalls in Klosters eintraf, bestätigte er ihm, dass Tirol nicht mehr Gaismairs Land war.

Unbeirrt davon beauftragte Gaismair den Gefährten, seine Landesordnung zum Drucken in die Freie Reichsstadt Basel zu bringen. So wurde die Tiroler Landesordnung wie Luthers Bibelübersetzung hergestellt.[29] Bei seinem Besuch bei Zwingli hat Gaismair ihm die Tiroler Landesordnung vorgetragen. Zwingli war sehr angetan, warnte ihn jedoch aufgrund eigener Erfahrungen, die er in Zürich gemacht hatte.

Das Land war stark im damaligen römisch-katholischen Glauben verwachsen. Deshalb mußte Gaismairs Versuch scheitern, ein Bündnis mit der Schweiz zu schaffen. Diplomatie war den Zürchern sehr wichtig. Die

29 Bücking a.a.O.

Schweiz musste ein unabhängiges Land bleiben. Es galt eine Invasion der Habsburger zu vermeiden.

Gaismair hatte Hunderte von geflohenen Bauern aus dem ganzen Reich gewonnen, die sich ihm in der Hoffnung angeschlossen hatten, unter seiner militärischen und strategischen Führung würde es in ihren heimatlichen Regionen zu mehr Gerechtigkeit kommen.

Um die gleiche Zeit war sein Bruder Hans gefangengenommen worden. Zu Beginn des Bauernkriegs hatte er noch das Bergwerk der Eltern in Sterzing geführt. Unabhängig von seiner Zurückhaltung pflegte er jedoch durch Kuriere einen regelmäßigen Austausch mit seinem Bruder Michael. Die zahlreichen Übergriffe gegenüber den Bauern und Knappen, die er nach der Niederschlagung des Aufstands durch die Schergen von Fernandus erlebte, führten dazu, dass er seinen Bruder heimlich unterstützte. Hans Gaismair hatte den gedruckten Text der Landesordnung erhalten. Dies sollte ihm zum Verhängnis werden. Er wurde in Wilten südlich von Innsbruck von einem Schergen von Jakob Fugger gefangen genommen und gefoltert. Dabei verriet Hans den Plan seines Bruders Michael, Glurns im oberen Südtiroler Vinschgau für die Bauern zurückzuerobern. Anschließend wurde Hans getötet.[30]

---

30 Aus den Unterlagen des Autors vom Bayerischen Staatsarchiv in München

An Ostern 1526 verließ Gaismair mit den ihm verbündeten Bauern und Knappen die Schweiz über den Ofenpass – ohne zu ahnen, dass sein Plan, Glurns wieder einzunehmen, von seinem Bruder unter Folterqualen verraten worden war. Peter Passler informierte ihn über das Geschehen. Aus diesem Grund floh Gaismair mit seinen Getreuen erneut über den Ofenpass zurück nach Klosters.

Gaismair wird Hauptmann von Salzburg

Nach der Aussichtslosigkeit weiterer Kämpfe in Tirol entschied Gaismair, seine Strategie zusammen mit seinen Getreuen von Salzburg aus weiter zu verfolgen. Nach anfänglichen Erfolgen im Aufstand gegen die Obrigkeiten waren sich die Salzburger Bauern jedoch uneins, wie sie weiterkämpfen sollten. Als Gaismair mit seinen Getreuen eintraf, wurde er voller Optimismus zum Hauptmann ernannt.

Nach wie vor ist historisch nicht geklärt, wie Gaismair trotz stärkster Bewachung der Grenzen und Pässe von Klosters aus in den Salzburger Pinzgau gelangen konnte. Er stellte dort mit den ihm verbundenen Tirolern einen Truppenverband zusammen und bekam Zulauf aus dem Elsass, aus der Pfalz, aus dem Schwabenland. Ehemalige

Kämpfer von Thomas Müntzer aus Thüringen schlossen sich ihm an, dazu Träger des Bundschuhs und Bauern aus Franken. Aber auch windische Knechte aus der damaligen Untersteiermark, dem heutigen Slowenien, folgten ihm. Sie hatten sich zur ›Stara Pravda‹, der dortigen Bundschuh-Bewegung, bekannt.

Fernandus kam mit einer großen Anzahl Söldner aus dem bayerischen, den schwäbischen und fränkischen Landen dem Salzburger Kardinal zu Hilfe. Durch eine große strategische und taktische Leistung gelang es Gaismair mit seinen Verbündeten, die in großer Überzahl und wesentlich stärker bewaffneten Bündischen des Adels aus Radstadt zu locken und sie, die ahnungslos außerhalb in einem Tal lagerten, zu überfallen und zu besiegen. Die Beute aus dem Lager überließ Gaismair seinen Kämpfern.

Quelle: Dokumente aus dem deutschen Bauernkrieg, Verlag Philipp Reclam jun., Leipzig 1974

Diese Niederlage sorgte bei den Herrschenden im ganzen Reich für große Unruhe. Unter Führung von Georg von Frundsberg, Graf Künigl aus dem Südtiroler Pustertal und Graf Niklas Salm wurden die söldnerischen Kräfte aus dem ganzen Reich gebündelt, um Gaismair endgültig zu erledigen. Am 2. Juli 1526 wurde er bei Radstadt vernichtend geschlagen.

Flucht nach Venedig und Tod in Padua

Gaismair gelang die Flucht mit 2.000 seiner getreuen Bauern und Knappen über den Rauriser Gebirgsstock nach Südosten, heute ein Naturschutzgebiet in den Hohen Tauern.

Im Mai zuvor hatte der französische König Franz I. mit Francesco II. Sforza mit Florenz und Venedig eine Liga abgeschlossen. Ziel der Koalition war die Vertreibung der Habsburger aus Neapel. Dies kam Gaismair als Gegner der kaiserlichen Macht natürlich entgegen. So ist seine erfolgreiche Flucht aus dem Salzburger Land mit seinen letzten Getreuen in die Republik Venedig zu erklären, wo er ohne Probleme aufgenommen wurde. Seine diplomatischen und strategischen Fähigkeiten waren auch dort bekannt und Gaismair wurde Söldnerführer im venezianischen Staat.[31] 1529 schloß Venedig Frieden mit dem Habsburger Reich. Daraufhin beendete Gaismair seine Tätigkeit.

1530 erhielt Gaismair die Bürgerrechte in Zürich. Hier lebte auch seine Frau mit den vier Kindern. Seine Pläne, gemeinsam mit verbündeten Städten in Tirol einzufallen, scheiterten mit dem Augsburger Reichstag von 1530. Die Sorge der Machthaber vor ihm war nach wie vor berechtigt. So beauftragte Fernandus immer wieder gedungene Mörder, die Gaismair aus dem Weg schaffen sollten. Dies gelang 1532 auf seinem Landgut bei Prato della Valle nahe Padua, wohin sich Gaismair zurückgezogen hatte. Ob er dort mit seiner Familie lebte, kann nicht belegt werden. Die Belohnung von 1.000 Gulden wurde den Mördern nie ausgezahlt.

Ein Gedenkstein in Padua erinnert bis heute an die große Leistung des Tiroler Revolutionärs. Er integrierte sich gesellschaftlich in der Republik Venedig. Verhandlungen mit dem Dogen und dem Consiglio dei Dieci führten 1525 dazu, dass er Capitano im venezianischen Heer wurde. Der Versuch, durch eine Kriegshandlung gemeinsam mit dem venezianischen Staat eine Besetzung von Tirol zu erwirken, scheiterte jedoch.

---

31 Bücking a.a.O.

Ziel war dabei keine Revolution, sondern eine Befreiung Tirols auf völkerrechtlicher Basis. Mit einem Gedenkstein gedachte Florenz seiner Hilfe gegenüber seinen aus der Stadt verbannten Anhängern, die vergeblich um eine Republik Florenz gekämpft hatten.

Gedenktafel zur Erinnerung an die Ermordung von Michael Gaismair bei Prato della Valle nahe Padua (Quelle: Wikipedia, Foto Tonii)

Gaismairs historische Leistung

War Michael Gaismair
Bauernrebell oder Revolutionär?
Die Antwort muss lauten:
Er war beides!

Unter den Aufständischen waren einige Bauern nicht nur Rebellen, sondern auch viele Visionäre. Sie wollten eine Reformierung der christlichen Kirche und glaubten, dass dies mit den Reformatoren erreicht werden könne. Die Exzesse in der damaligen Römisch-Katholischen Kirche vonseiten der Päpste, Kardinäle und Priester bestätigten sie in dieser Auffassung. Mit der im damaligen Reich weit verbreiteten gedruckten Übersetzung der von Martin Luther vom Lateinischen ins Deutsche übersetzten Bibel glaubten sie durch aufständische Proteste mehr Gerechtigkeit in den kirchlichen Institutionen zu erreichen. Luthers Bibel-Übersetzung war in gedruckter Form überall im Reich bekannt geworden.

Mit der blutigen Niederschlagung ihrer Rebellion durch die damalige Oberschicht aus Adel und wohlhabendem Bürgertum glaubten die Aufständischen jedoch, dass alle Mühen vergeblich gewesen seien und passten sich der alten sozialen Ordnung bis auf wenige Ausnahmen wieder an. Die Wiedertäuferbewegung – vor allen Dingen in Tirol – und die spätere Bestätigung einer calvinistischen und der evangelisch-lutherischen Kirche sind bis heute ein Beleg für die Vielfältigkeit der christlichen Gemeinschaft.

Ein Grund, warum die Rebellion in ganz Zentraleuropa zu keinem Erfolg führte, war die regionale Uneinigkeit vieler Aufständischer, die es ihren Gegnern leicht machte, die alten Verhältnisse wieder herzustellen. Viele Historiker stellten den deutschen Thomas Müntzer mit dem Tiroler Michael Gaismair auf eine Ebene. Unbestritten ist, dass auch der Thüringer Müntzer eine Ordnung entwickelt hat, mit der er für die Verbesserung der sozialen Verhältnisse der Minderbemittelten kämpfte. Aber er hat sich dabei nur auf seine Region beschränkt und konnte nicht für ihre Verbreitung sorgen, denn seine Unterlagen wurden zusammen mit ihm selbst vernichtet.

Im Gegensatz zu Müntzer hatte Gaismair immer wieder das Ziel vor Augen – gleichgültig, wohin ihn sein Lebensweg führte –, eine Landesordnung für Tirol zu verwirklichen, eine Landesordnung auf christlicher Basis, die sowohl eine beispielhafte Grundlage für das damalige Abendland war als auch für eine demokratische Verfassung heutiger Verhältnisse auf christlicher Basis ist.

Der Text der Landesordnung[32] steht in mehreren Versionen an unterschiedlichen Orten als niedergelegte Schrift zur Verfügung. Das Problem ist, dass er je nach Interessenlage andere Formen hat. Besonders Historiker aus dem 19. und 20. Jahrhundert haben ihn unterschiedlich interpretiert. Auch Fernandus hat den Text damals in abgewandelter Form für propagandistische Aktivitäten benutzt, um die Tiroler davon zu überzeugen, dass Gaismair sich entgegen seiner Aussagen im Bauernkrieg ganz anders verhielt. Lediglich Bücking hat wie bereits erwähnt die Handschrift von Gaismair zugrunde gelegt. Die Aufstellung der ›Gesetzesvorlagen‹ ist jedoch bei allen Versionen identisch.

Gaismair wollte keine Spaltung mit dem Habsburger Kaiserreich erwirken, denn er hatte Fernandus als damaligen Erzherzog von Tirol in seine Landesordnung eingebunden. Dies hatte auch Fernandus mit seinen Beratern erkannt und sah darin ein großes Gefahrenpotential für die Habsburger Macht. Dies war auch der Grund, weshalb er jahrelang Belohnungen für die Tötung des für ihn gefährlichen Gegners auslobte.

Aufgrund seines Kampfes gegen die herrschende Obrigkeit wurde die Existenz von Michael Gaismair jahrhundertelang totgeschwiegen. Die Tragik dabei ist, dass

32 www.bauernkriege.de

seine Erstellung der Tiroler Landesordnung deshalb nicht bekannt wurde, obwohl sie es als erste demokratische Verfassung im europäischen Abendland verdient hätte.

Erst 1653 schuf der Brite Oliver Cromwell eine von der britischen Monarchie unabhängige Verfassung, die allerdings nur von kurzer Dauer war. Sie wurde als erste Verfassung in den Geschichtsbüchern gewürdigt. In Tirol lebte Gaismair nur in den Legenden vieler traditioneller Bauernfamilien weiter, bis er im 19. Jahrhundert von den Historikern wieder entdeckt wurde. Ihm sollte auf Grund seiner historischen Leistung zugestanden werden, dass er der größte Sohn seines Landes Tirol war.

Der Einfluss Michael Gaismairs in den tirolischen Bauernprogrammen

Mai 1525 bis März 1526

Die folgenden Seiten zeigen einen Vergleich zwischen

- Gaismairs 1. Landordnung vom Mai 1525
- der »Ordnung des geistlichen Standes« vom Juli 1525
- Meraner Artikel vom 8. Juni 1525
- Gaismairs 2. Landordnung vom März 1526

	Gaismairs 1. Landesordnung (Mai 1525)	Ordnung des geistlichen Standes (Juli 1525)	Meraner Artikel (8. Juni 1525)	Gaismairs 2. Landesordnung (März 1526)
Leitgedanken	*»…dadurch Gott der Herr gelobt … und wier menschen …, zu voran der ganzen gemain geholfen … würde«. »wir all … als Christenleut sein gleichmäßig Schwester und prueder in der liebe gottes.«*		*»…die Eer und das Wort Gotts … gepredigt, bruederliche Lieb gehalten und gemainer Nutzen gefu(r)dert werd. «*	*»…die Eer Gottes und darnach den gemainen Nutz zu suchen …« »ein gantze Glaichait im Land«*
Einzelbestimmungen	(1) Aufhebung der Zinsen und Abgaben außer Wein- und Getreide-Zehnten (2) Äquivalente Abgaben aus Städten und Tavernen (3) 50 % der Abgaben an Landesfürsten, 50 % an Gemeinde und Kirche (4) Kriegsschatz und Armenkasten (5) Aushungerung der Klöster etc. (6) Verteilung der agrar. Produktionsmittel nach rigorosem Gleichheitsgrundsatz (7) freier Wild- und Fischfang (außer landesfürstliche Privilegien	(1) Klerus muss vor weltliches Gericht (3) Vergabe von geistlichen Pfründen beim Landesfürsten, Mitsprache bei Städten und Gemeinden (7) Städte- und Gerichtsfreiheiten bleiben erhalten (5+6) Residenzpflicht für Pfarrer, keine Bezahlungspflicht für Sakramente (13) Bei Pfarrer-Nachlaß (ohne Erben) gehen 50 % an die Kirche und Hausarme der Wirkungsstätte	(7+9) Residenzpflicht, keine Stolgebühren-Pflicht an Geistliche (3) Gezielte Aushungerung der Klöster (1) Abschaffung der wirtschaftl. und politischen Macht des Klerus	

Einzelbestimmungen

Gaismairs 1. Landesordnung (Mai 1525)	Ordnung des geistlichen Standes (Juli 1525)	Meraner Artikel (8. Juni 1525)	Gaismairs 2. Landesordnung (März 1526)
(8) Landesfürstliche Privilegien und Pflichten in wirtschaftlicher und finanzieller Hinsicht (9) Gute Münze, Gewicht und Maße wie unter Erzherzog Sigmund (10) Abschaffung der Kaufmannsgesellschaften (Fugger etc.) (11) Gleichheitsgrundsatz in der Justiz (12) Verstöße gegen christliche Normen (Wucher, Ehebruch, Schwören, Zutrinken etc.) (13) Fürsorge für die Armen (14) Erlaß von Steuern und Kriegsdienst (bis auf freiwillige Leistungen)	(9+10+11) Wirtschaftliche Beschränkungen für Klostergüter (Kanalisierung der geistlichen Wirtschaftsmacht) (15) Geistliche Geldbeteiligung an der Beseitigung der Folgen von Naturkatastrophen (16) Keine Ausübung von Wirts- und Handwerkerberufen durch Geistliche (14) Besteuerung der geistlichen Güter	(14) Jedes Gericht wählt sich den eigenen Richter (22) Verbot der Kaufmannsgesellschaften (Fugger, Hochstetter etc.) (31) Gegen landfremde Justizgrundsätze und -personen (11) Rechtsgleichheit für alle; Prozeß nur in erster Instanz führen (6+8+10) Der Überschuß an geistlichen Einkünften bzw. Vermögen wird an die Armen und Bettler (an die Spitäler) abgeführt (24) Verstöße gegen christliche Normen (Zutrinken, Schwören, Fluchen etc.)	(9) Gemeinden wählen den Richter (+ 8 Geschworene) (18+Anhang) Verstaatlichung von Gewerbe, Bergbau und Handel (19) Gute Münze wie unter Erzherzog Sigmund (7) Gegen Sophistik und landfremdes Recht (17) Klöster etc. zu Spitälern für Arme, Alte und Kranke (16) Zehnt an ansässige Pfarrer und hausarme Leute, keine Bettelei (14) Steuern evc. als Kriegsschatz

Quelle: Jürgen Bücking, Michael Gaismair, Reformer, Sozialrebell, Revolutionär. Seine Rolle im Tiroler ›Bauernkrieg‹. Stuttgart 1978

Epilog

Der Begriff ›Heiliges Römisches Reich deutscher Nation‹ ist erstmals im Jahr 1486 belegt (siehe auch Seite 28). Gemeint ist nicht die deutsche Herrschaft über Rom, sondern der Habsburger Herrscherbereich während seiner größten Ausdehnung im deutschsprachigen Mittel- und Südeuropa des Reichsgebiets.

Heiliges Römisches Reich Deutscher Nation war seitdem die offizielle Bezeichnung für den Herrschaftsbereich der Habsburger Kaiser bis zum Jahr 1806, als Kaiser Franz II. wegen der europäischen Herrschaft von dem sich selbst zum Kaiser von Frankreich ernennenden Napoleon Bonaparte die Krone niederlegte. Die Bezeichnung *Römisches Reich* leitet sich vom Anspruch der mittelalterlichen Herrscher ab, die Tradition des antiken Römischen Reiches fortzusetzen.

Das Heilige Römische Reich Deutscher Nation ist der Ursprung der heutigen Nationalstaaten Deutschland und Österreich. Zur Unterscheidung von dem 1871 gegründeten Deutschen Reich durch die Hohenzollern bezeichnet die heutige historische Forschung es auch als ›Altes Reich‹.